APRENDA NMAP

*Execute Varreduras Estratégicas com Scripts
e Automação.
Dos Fundamentos às Aplicações Práticas*

Diego Rodrigues

APRENDA Nmap

Execute Varreduras Estratégicas com Scripts e Automação.
Dos Fundamentos às Aplicações Práticas

Edição 2025

Autor: Diego Rodrigues

studiod21portoalegre@gmail.com

Publicado por StudioD21.

Nota Importante

Os códigos e scripts apresentados neste livro têm como principal objetivo ilustrar, de forma prática, os conceitos discutidos ao longo dos capítulos. Foram desenvolvidos para demonstrar aplicações didáticas em ambientes controlados, podendo, portanto, exigir adaptações para funcionar corretamente em contextos distintos. É responsabilidade do leitor validar as configurações específicas do seu ambiente de desenvolvimento antes da implementação prática.

Mais do que fornecer soluções prontas, este livro busca incentivar uma compreensão sólida dos fundamentos abordados, promovendo o pensamento crítico e a autonomia técnica. Os exemplos apresentados devem ser vistos como pontos de partida para que o leitor desenvolva suas próprias soluções, originais e adaptadas às demandas reais de sua carreira ou projetos. A verdadeira competência técnica surge da capacidade de internalizar os princípios essenciais e aplicá-los de forma criativa, estratégica e transformadora.

Estimulamos, portanto, que cada leitor vá além da simples reprodução dos exemplos, utilizando este conteúdo como base para construir códigos e scripts com identidade própria, capazes de gerar impacto significativo em sua trajetória profissional. Esse é o espírito do conhecimento aplicado: aprender profundamente para inovar com propósito.

Agradecemos pela confiança e desejamos uma jornada de estudo produtiva e inspiradora.

ÍNDICE

SAUDAÇÕES

É com grande entusiasmo que o recebo para uma jornada técnica completa e profundamente aplicada ao universo das varreduras de rede, explorando desde os fundamentos históricos até as estratégias avançadas de automação com o Nmap — a ferramenta mais consolidada e respeitada no campo da auditoria de redes e da segurança ofensiva. Ao decidir dominar o Nmap, você demonstra não apenas comprometimento com a excelência profissional, mas também respeito às bases sólidas que sustentam o diagnóstico técnico de infraestrutura digital em ambientes heterogêneos.

Neste livro, *APRENDA Nmap*, você encontrará uma abordagem cuidadosamente estruturada conforme o Protocolo TECHWRITE 2.1, voltada à clareza técnica, organização modular e aplicabilidade direta. Cada capítulo foi concebido com foco didático, precisão conceitual e valorização das boas práticas que moldaram a engenharia de redes ao longo das décadas. Nosso compromisso é proporcionar um conteúdo técnico autêntico, livre de modismos, fiel às raízes da computação aplicada e preparado para os desafios contemporâneos da cibersegurança e da administração sistêmica.

Ao se dedicar a este material, você se posiciona de forma estratégica num cenário profissional onde a capacidade de mapear, compreender e proteger redes já não é apenas uma especialidade, mas uma competência essencial. O Nmap, com sua robustez, flexibilidade e arquitetura extensível, permite desde varreduras simples em redes locais até operações escaladas, automatizadas e altamente específicas em ambientes corporativos, industriais e críticos.

Este livro é indicado tanto para quem está iniciando sua formação técnica em redes quanto para profissionais já atuantes que desejam aprofundar-se na utilização do Nmap com visão aplicada, consciente e produtiva. A progressão dos temas respeita a lógica clássica da engenharia de sistemas: começamos com a instalação e os modos básicos de uso, avançamos para técnicas de varredura específicas, exploramos o poder da Nmap Scripting Engine (NSE), e culminamos com estratégias de automação, modelagem de ameaças e análise forense.

Ao longo dos 25 capítulos, todos cuidadosamente elaborados para garantir consistência técnica, continuidade didática e profundidade operacional, você desenvolverá não apenas domínio sobre as opções e parâmetros da ferramenta, mas também visão crítica para interpretar resultados, evitar armadilhas comuns e aplicar as varreduras em cenários reais com segurança, ética e precisão. A cada seção, são apresentadas práticas consagradas, erros recorrentes comentados, scripts exemplares, técnicas de correlação e recomendações baseadas em experiência de campo.

Em um panorama técnico cada vez mais sensível à exposição de serviços, à mobilidade de dispositivos e à complexidade das redes modernas, o domínio do Nmap torna-se um diferencial inegociável. Saber escanear corretamente, interpretar os resultados com discernimento e integrar essas informações a sistemas de inteligência, automação ou resposta a incidentes é o que distingue o operador técnico do especialista estratégico.

Seja bem-vindo a esta jornada. Este livro não foi escrito para impressionar, mas para capacitar. Sua leitura exige atenção, prática e raciocínio lógico. Em troca, oferece conhecimento aplicado, preparo real e autoridade técnica diante dos desafios do mundo digital. O caminho para o domínio começa por compreender o que está exposto — e o Nmap é a lente precisa para essa missão.

Tenha uma leitura produtiva, estruturada e tecnicamente transformadora. Você está no caminho certo.

SOBRE O AUTOR

Diego Rodrigues
Autor Técnico e Pesquisador Independente
ORCID: https://orcid.org/0009-0006-2178-634X
StudioD21 Smart Tech Content & Intell Systems
E-mail: studiod21portoalegre@gmail.com
LinkedIn: linkedin.com/in/diegoxpertai

Autor técnico internacional (*tech writer*) com foco em produção estruturada de conhecimento aplicado. É fundador da StudioD21 Smart Tech Content & Intell Systems, onde lidera a criação de frameworks inteligentes e a publicação de livros técnicos didáticos e com suporte por inteligência artificial, como as séries Kali Linux Extreme, SMARTBOOKS D21, entre outras.

Detentor de 42 certificações internacionais emitidas por instituições como IBM, Google, Microsoft, AWS, Cisco, META, Ec-Council, Palo Alto e Universidade de Boston, atua nos campos de Inteligência Artificial, Machine Learning, Ciência de Dados, Big Data, Blockchain, Tecnologias de Conectividade, Ethical Hacking e Threat Intelligence.

Desde 2003, desenvolveu mais de 200 projetos técnicos para marcas no Brasil, EUA e México. Em 2024, consolidou-se como um dos maiores autores de livros técnicos da nova geração, com mais de 180 títulos publicados em seis idiomas. Seu trabalho tem como base o protocolo próprio de escrita técnica aplicada TECHWRITE 2.2, voltado à escalabilidade, precisão conceitual e aplicabilidade prática em ambientes profissionais.

APRESENTAÇÃO DO LIVRO

O mapeamento técnico de redes, a identificação de vulnerabilidades e a compreensão detalhada da superfície de exposição digital tornaram-se competências essenciais em um cenário onde a segurança da informação é cada vez mais estratégica. Nesse contexto, o Nmap permanece como uma das ferramentas mais relevantes, precisas e respeitadas no arsenal de administradores de sistemas, analistas de segurança e engenheiros de redes em todo o mundo. Dominar sua utilização é um passo definitivo em direção à excelência operacional e à maturidade técnica em auditorias de infraestrutura.

Este livro, *APRENDA Nmap* foi desenvolvido para ser o seu guia técnico no uso profissional do Nmap. Ao longo de 25 capítulos criteriosamente organizados, apresentamos uma abordagem didática, modular e progressiva, em total conformidade com o Protocolo TECHWRITE 2.1, garantindo clareza absoluta, profundidade conceitual e aplicação imediata.

Iniciamos no Capítulo 1 com uma contextualização da origem e da filosofia de projeto do Nmap, destacando sua evolução, princípios técnicos e relevância histórica como ferramenta livre e de alto impacto. Discutimos como o Nmap se consolidou como referência incontestável em varreduras de redes heterogêneas, com aplicação tanto em segurança ofensiva quanto na administração sistêmica.

No Capítulo 2, tratamos da instalação adequada da ferramenta em ambientes Linux, Windows e macOS, passando pelos ajustes iniciais, configuração segura e apresentação dos principais parâmetros de linha de comando — pilares indispensáveis para um uso eficiente e controlado da ferramenta.

O Capítulo 3 explora em profundidade as técnicas de descoberta de hosts e análise da topologia de rede, distinguindo entre varreduras TCP, UDP e passivas, com ênfase na identificação confiável de sistemas vivos e reconhecimento seguro de ambientes internos e externos.

No Capítulo 4, avançamos para a varredura de portas e protocolos, detalhando os modos -p, -sS, -sU, -A e suas combinações. São abordadas técnicas como SYN Stealth e análise de portas não convencionais, além de questões comuns em redes com NAT, proxies ou firewalls agressivos.

O Capítulo 5 apresenta a poderosa Nmap Scripting Engine (NSE), explicando sua arquitetura e funcionamento. Demonstramos como utilizar scripts prontos e como construir scripts personalizados com Lua, integrando automação, detecção de falhas e análise contextual com outras ferramentas.

Já no Capítulo 6, o foco é a identificação precisa de serviços e sistemas operacionais, com destaque para os comandos -sV e -O, estratégias para redução de falsos positivos e correlação com bases externas que ampliam a precisão e contextualização dos resultados.

Exploramos no Capítulo 7 as técnicas de evasão e ajustes de timing. Fragmentação de pacotes, manipulação de TTLs, falsificação de headers e modos de controle de velocidade são abordados com atenção aos impactos operacionais e éticos.

O Capítulo 8 trata dos desafios de escalar varreduras em grandes ambientes, apresentando estratégias para particionamento de rede, controle de paralelismo e uso de scripts para orquestrar tarefas em larga escala com controle e eficiência.

No Capítulo 9, detalhamos as abordagens para análise de protocolos complexos como SMTP, SNMP, FTP, SSH e HTTP, evidenciando técnicas de fingerprint, suporte a SSL/TLS e análise de metadados para detecção precoce de vulnerabilidades.

O conteúdo do Capítulo 10 aprofunda o uso da NSE para detecção de vulnerabilidades conhecidas, com foco em CVEs, senhas padrão e configurações incorretas, sempre com atenção às implicações éticas e à interpretação segura dos resultados.

Avançamos no Capítulo 11 com o uso de ferramentas complementares. São exploradas as integrações com Zenmap, Wireshark, Metasploit e Maltego, ampliando a capacidade investigativa e correlacional do analista.

No Capítulo 12, abordamos as especificidades do uso do Nmap em ambientes Windows e infraestruturas mistas, tratando de compatibilidades, firewalls integrados e boas práticas para operações silenciosas em redes sensíveis.

O Capítulo 13 revela o uso avançado da linguagem Lua para criação de scripts NSE personalizados, incluindo parsing de protocolos exóticos, manipulação de pacotes e automatização de tarefas complexas com estrutura modular e segura.

Voltamo-nos ao IPv6, no Capítulo 14 detalhando varreduras específicas e protocolos auxiliares como SLAAC, NDP e DHCPv6. Exploramos limitações em ambientes híbridos e destacamos scripts NSE voltados à análise de topologias modernas.

O Capítulo 15 traz o foco para redes IoT, detalhando como o Nmap identifica dispositivos embarcados, portas customizadas e banners característicos. Discutimos limitações de hardware, extração de informações e riscos comuns em dispositivos conectados.

No Capítulo 16, enfrentamos o desafio das redes air-gapped e ambientes restritos. Discorremos sobre varreduras offline, análise de PCAPs e uso de surrogates para mapeamento indireto, além da relevância forense dos logs em ambientes isolados.

O Capítulo 17 apresenta os formatos de saída do Nmap e suas aplicações práticas. Exploramos -oN, -oX, -oG e sua integração com plataformas de SIEM, além de abordar erros comuns de interpretação e como evitá-los com rigor técnico.

Já no Capítulo 18, integramos os dados do Nmap com ferramentas de inteligência e OSINT. Discutimos a correlação com feeds externos, automação de ingestão de dados e a construção de workflows com foco em enriquecimento técnico e estratégico.

O Capítulo 19 aborda técnicas anti-scan do ponto de vista defensivo. Apresentamos métodos de detecção, contramedidas e estratégias para proteger redes contra mapeamentos não autorizados, destacando a dualidade entre ataque e defesa.

Capítulo 20, é onde exploramos a automação em larga escala. Apresentamos a execução distribuída via Ansible, Jenkins e Python, demonstrando como transformar o Nmap em uma engrenagem técnica robusta dentro de pipelines corporativos.

Capítulo 21 volta-se aos scripts NSE especializados em detecção de vulnerabilidades. Mapeamos falhas conhecidas, explicamos como evitar falsos positivos e correlacionamos resultados com relatórios técnicos e escopos de auditoria.

A modelagem de ameaças ganha espaço no Capítulo 22. Correlacionamos os dados do Nmap com o framework MITRE ATT&CK, criamos mapas de relacionamento entre serviços e falhas, e estruturamos documentação técnica para times de segurança.

O Capítulo 23 apresenta casos reais de incidentes em que o Nmap foi determinante para detectar malwares, comportamentos anômalos e indicadores de comprometimento (IOCs). O conteúdo é enriquecido com relatos técnicos e lições aplicáveis.

No Capítulo 24, tratamos da reconstrução de incidentes com base em replays de PCAPs e análise forense de rede. Integramos Nmap, Wireshark e Zeek para reconstituir eventos com clareza técnica e metodologia auditável.

Por fim, o Capítulo 25 apresenta os caminhos de especialização avançada: scripting NSE profundo, exploração de hardware, IPv6, automação profissional e participação em comunidades técnicas. Consolidamos os aprendizados em um modelo de uso escalável, ético e estratégico do Nmap.

Cada capítulo foi escrito com foco em aplicabilidade, precisão e elegância técnica. Você encontrará comandos explicados em detalhe, lógica operacional estruturada, comentários sobre erros frequentes, práticas recomendadas e uma progressão que respeita seu tempo e inteligência.

Este é um livro para quem deseja mais do que superficialidade. É um manual técnico, robusto e refinado, que honra a tradição de boas ferramentas e capacita profissionais para usá-las com excelência. Ao final da leitura, você estará preparado para usar o Nmap com propriedade, confiança e visão estratégica.

Bem-vindo ao estudo aplicado e inteligente da varredura de redes com o Nmap. Aqui, teoria se transforma em prática — e prática em manejo técnico.

CAPÍTULO 1. FUNDAMENTOS E PERSPECTIVAS DO NMAP

O Nmap, Network Mapper, é uma das ferramentas mais tradicionais, confiáveis e versáteis no universo da segurança de redes e administração de sistemas. Criado por Gordon Lyon — também conhecido como Fyodor — o Nmap nasceu da necessidade de realizar varreduras precisas em redes complexas, identificando hosts ativos, portas abertas, serviços em execução e características dos sistemas operacionais. Com o tempo, o projeto se consolidou como um padrão de mercado, mantendo-se gratuito, open source e continuamente atualizado, inclusive com a colaboração da própria comunidade global de especialistas.

Desde sua origem, o Nmap foi concebido sob uma filosofia clara: fornecer uma ferramenta sólida, transparente e expansível para análise de redes. Essa filosofia se traduz tanto na arquitetura modular que suporta scripts personalizados quanto na sintaxe de linha de comando que permite controle granular sobre cada aspecto da varredura. Ao contrário de soluções comerciais ou fechadas, ele sempre priorizou a capacidade de inspeção, estudo e modificação de seu funcionamento interno — o que o torna um recurso inestimável para quem busca compreender, defender ou explorar ambientes de rede.

A importância desta ferramentea transcende seu código-fonte ou sua longa trajetória. Ela representa uma abordagem prática e acessível à observação e análise de sistemas interconectados. Em um mundo cada vez mais dependente de redes distribuídas e serviços expostos, conhecer profundamente as ferramentas que permitem identificar os pontos de entrada e as superfícies de ataque é vital — seja para um administrador de sistemas zelando pela integridade de sua infraestrutura ou para um analista de segurança executando testes de penetração autorizados.

A Origem do Nmap: Uma Resposta às Limitações das Ferramentas Clássicas

O lançamento inicial do Nmap ocorreu no fim da década de 1990, um período de intensas transformações tecnológicas. Redes TCP/IP estavam em franca expansão, a internet comercial ganhava fôlego e as primeiras preocupações com segurança em larga escala começavam a emergir. Naquele contexto, as ferramentas de varredura existentes eram rudimentares, com suporte limitado a protocolos e quase nenhuma flexibilidade em termos de ajustes técnicos.

Fyodor projetou o Nmap como uma resposta direta a essas limitações. Sua primeira versão já incluía a capacidade de enviar pacotes TCP personalizados e identificar hosts ativos com base em respostas específicas do protocolo. Com o tempo, foram incorporadas varreduras UDP, identificação de sistema operacional, detecção de versão de serviço, scripting engine e muito mais. O avanço técnico da ferramenta acompanhou de perto a sofisticação das redes modernas — sempre mantendo a simplicidade de uso como um de seus pilares centrais.

A Filosofia Técnica por Trás do Projeto

Três princípios fundamentais norteiam o desenvolvimento contínuo do Nmap: precisão, transparência e modularidade.

A precisão diz respeito à capacidade da ferramenta de produzir resultados confiáveis mesmo em ambientes adversos, como redes com firewalls, sistemas de detecção de intrusão e NATs. Para isso, o Nmap implementa algoritmos refinados de detecção, além de heurísticas que permitem inferir características mesmo na ausência de respostas explícitas.

A transparência se manifesta tanto no código aberto quanto na forma como os resultados são apresentados. O Nmap exibe todas as etapas de seu processo de varredura, permitindo que o usuário compreenda exatamente o que está sendo testado e por quê. Isso favorece o aprendizado técnico e reduz a dependência de interfaces obscuras.

Já a modularidade é garantida por uma arquitetura extensível, onde novas técnicas, protocolos e scripts podem ser integrados sem comprometer a estabilidade do núcleo. Essa abordagem facilita a manutenção do projeto e permite que ele se adapte rapidamente a novos cenários, como redes IPv6, ambientes embarcados ou sistemas operacionais alternativos.

Vantagens de uma Ferramenta

Dedicada à Varredura de Redes

Utilizar uma ferramenta especializada como o Nmap em vez de soluções genéricas ou improvisadas proporciona uma série de benefícios operacionais. A começar pela performance: o Nmap é otimizado para varreduras em paralelo, distribuídas ou direcionadas, ajustando automaticamente seus parâmetros de timing para alcançar o melhor equilíbrio entre velocidade e precisão.

Além disso, a variedade de técnicas suportadas — desde pings ICMP até varreduras TCP stealth — permite que o usuário escolha o método mais apropriado para cada situação. Em redes internas, por exemplo, pode-se optar por uma varredura mais agressiva e detalhada. Em ambientes externos, protegidos por firewalls ou proxies, o Nmap oferece alternativas mais discretas e resistentes a bloqueios.

Outro diferencial está na robustez dos relatórios gerados. O software apresenta os resultados em múltiplos formatos, com suporte a logs detalhados, exportação para XML e integração com sistemas de gerenciamento de vulnerabilidades. Isso torna possível incorporar varreduras de rede a fluxos de trabalho automatizados, orquestrações com ferramentas externas ou auditorias formais de segurança.

A Relevância do Nmap na Segurança Ofensiva

No campo da segurança ofensiva — especialmente no contexto de testes de penetração autorizados — o Nmap representa a porta de entrada para qualquer campanha de reconhecimento. Antes de explorar falhas, um pentester precisa entender o terreno: quais hosts estão ativos, que serviços estão expostos, quais versões estão em uso e se existem portas abertas que revelem oportunidades.

Ele permite mapear esses elementos com agilidade, precisão e discrição. É possível identificar sistemas vulneráveis a ataques conhecidos, correlacionar banners com exploits públicos e até mesmo detectar configurações incorretas que poderiam comprometer a segurança da rede. Tudo isso sem executar cargas maliciosas, mantendo o processo de análise dentro dos limites éticos e legais esperados.

Adicionalmente, com o suporte ao Nmap Scripting Engine (NSE), a ferramenta pode executar scripts específicos para detecção de vulnerabilidades, coleta de informações e análise comportamental. Esses scripts ampliam significativamente o escopo da varredura, tornando o Nmap capaz de identificar brechas com base em assinaturas, padrões de resposta e comportamentos atípicos de serviços.

O Papel do Nmap na Administração de Sistemas

Para os administradores de rede, o Nmap também desempenha funções cruciais. A manutenção da segurança e da integridade dos serviços expostos depende do conhecimento contínuo sobre o estado da infraestrutura. Com o ele, é possível verificar se serviços não autorizados foram ativados, se mudanças recentes abriram portas inesperadas ou se há dispositivos na rede que não deveriam estar conectados.

A capacidade de programar varreduras recorrentes, salvar relatórios e comparar resultados históricos permite que o administrador identifique alterações suspeitas rapidamente. Por exemplo, uma nova porta aberta em um servidor sensível pode indicar comprometimento ou falha de configuração. Um host que responde em horários fora do padrão pode apontar para uso indevido ou falhas em políticas de desligamento automático.

Outro uso recorrente está na auditoria de firewalls e roteadores. A ferramenta ajuda a confirmar se as regras de bloqueio estão sendo aplicadas corretamente, se NATs estão expostos e se políticas de segmentação estão funcionando como o esperado. Para redes maiores, o Nmap pode ser integrado a scripts de inventário automatizado, gerando listas atualizadas de dispositivos, endereços IP e serviços ativos.

Adaptabilidade e Longevidade da Ferramenta

Uma das características mais notáveis do Nmap é sua longevidade. Em um setor marcado pela rápida obsolescência de ferramentas e frameworks, ele permanece relevante, sendo continuamente citado em manuais técnicos, cursos de certificação, investigações forenses e documentos oficiais de auditoria. Tal permanência não se dá por acaso, mas sim por conta de sua adaptabilidade.

O projeto evoluiu para lidar com redes Wi-Fi, dispositivos IoT, sistemas industriais, ambientes de nuvem e até redes híbridas com segmentação lógica. Sua base de dados de detecção de serviços é constantemente ampliada com novas assinaturas e melhorias. O mesmo vale para os scripts NSE, que passam a cobrir desde falhas triviais até vulnerabilidades zero-day em softwares populares.

Outro fator importante é a independência do Nmap em relação a plataformas específicas. Ele roda com desempenho consistente em Linux, Windows e macOS, suportando até compilações para sistemas minimalistas ou embarcados. Isso garante que analistas e administradores possam manter uma base comum de ferramentas, independentemente do sistema operacional adotado.

Limitações Conhecidas e Considerações Estratégicas

Apesar de seu poder, não é uma ferramenta milagrosa. Existem limitações técnicas que precisam ser compreendidas para se evitar interpretações erradas dos resultados. Firewalls com regras muito restritivas podem impedir completamente a varredura. Alguns sistemas operacionais não respondem a certos tipos de pacotes, exigindo ajustes finos nos parâmetros de envio.

Serviços que utilizam técnicas de randomização de portas ou obfuscação de banners também dificultam a identificação precisa. Em casos assim, o Nmap pode apresentar falsos positivos ou omitir informações relevantes. Para mitigar essas limitações, é possível combinar varreduras em múltiplos estágios, utilizar scripts NSE personalizados e validar manualmente os dados obtidos.

É fundamental, ainda, observar as questões éticas e legais do uso da ferramenta. Varreduras em redes sem autorização podem ser interpretadas como tentativas de invasão, mesmo que nenhum payload malicioso tenha sido executado. A ferramenta, portanto, deve ser sempre utilizada com consciência, documentação apropriada e, preferencialmente, dentro de ambientes de teste, homologação ou redes sob sua responsabilidade.

A Base de Todo Conhecimento de Rede

Dominar o Nmap não é apenas aprender a usar uma ferramenta. É desenvolver uma forma de pensar a rede como um organismo vivo, onde cada porta, cada pacote e cada resposta revela um fragmento da realidade subjacente. Com ele, aprende-se a ler a superfície dos sistemas, a compreender sua exposição e a

STUDIOD21 SMART TECH CONTENT

identificar seus pontos fracos e fortes.

Para quem atua em áreas como segurança da informação, administração de sistemas, testes de penetração, auditoria técnica ou engenharia de redes, é ferramenta obrigatória. Seu conhecimento técnico abre portas para investigações mais profundas, análises mais precisas e decisões mais embasadas. É por isso que, mesmo diante da proliferação de frameworks complexos e soluções comerciais sofisticadas, o Nmap permanece insubstituível como primeiro instrumento de visibilidade e controle.

Este livro seguirá aprofundando cada aspecto funcional e estratégico do Nmap com base em anos de uso prático, boas práticas consagradas e adaptações modernas. O objetivo é formar profissionais capazes de operar com precisão, interpretar resultados com segurança e tomar decisões técnicas sustentadas por dados confiáveis, sempre respeitando os limites éticos da atuação profissional.

CAPÍTULO 2. INSTALAÇÃO, PARÂMETROS E AJUSTES INICIAIS

A instalação e configuração é o primeiro passo prático para qualquer profissional que deseja utilizá-lo como ferramenta principal de análise de rede. Apesar de sua versatilidade e profundidade técnica, o Nmap é notavelmente acessível do ponto de vista da instalação, tanto em sistemas baseados em Unix quanto em ambientes Windows ou macOS. Essa compatibilidade ampla contribui para sua adoção universal em times de segurança, equipes de infraestrutura, pesquisadores e educadores. No entanto, conhecer os parâmetros iniciais e os ajustes de configuração é essencial para garantir segurança operacional, assertividade nos resultados e adequação ao ambiente em que será executado.

Instalação no Linux: Flexibilidade e

Integração Natural com o Sistema

Em distribuições Linux, pode ser instalado diretamente a partir dos repositórios oficiais da maioria dos sistemas, o que garante uma integração nativa com o ecossistema Unix. Em ambientes baseados em Debian ou Ubuntu, o comando mais direto para instalação é:

bash

```
sudo apt update && sudo apt install nmap
```

Esse procedimento garante a instalação de uma versão estável e testada pela comunidade. O pacote geralmente inclui não apenas o binário do Nmap, mas também sua engine de scripts (NSE), arquivos de configuração e base de dados de detecção de serviços.

Já em distribuições baseadas em Red Hat, como CentOS, AlmaLinux e Fedora, a instalação pode ser feita via dnf ou yum, a depender da versão:

bash

```
sudo dnf install nmap
```

Em ambientes mais restritivos, como servidores minimalistas, pode ser necessário instalar também dependências relacionadas ao libpcap, biblioteca responsável pela manipulação de pacotes em baixo nível.

A principal vantagem de rodar em Linux está na proximidade com o sistema operacional: o acesso a interfaces de rede, controle granular de permissões e a possibilidade de customização total via terminal tornam essa a plataforma mais poderosa para uso profissional intensivo.

Instalação no Windows: Considerações de Compatibilidade e Operação

O Nmap também possui excelente suporte para Windows, com binários oficiais disponibilizados diretamente no site do projeto. A instalação se dá por meio de um instalador .exe que oferece a opção de incluir a interface gráfica Zenmap, além dos utilitários auxiliares como o nping, ncat e o suporte ao NSE.

É importante observar que, embora funcione bem no Windows, algumas funcionalidades são limitadas ou exigem permissões elevadas para operar corretamente. Por exemplo, varreduras do tipo raw packet (como a SYN scan, que envia pacotes TCP diretamente sem estabelecer conexão) demandam acesso administrativo e, em muitos casos, precisam ser executadas com o interpretador de comandos iniciado como administrador.

A forma mais segura de garantir que a ferramenta será

executada com privilégios suficientes no Windows é:

1. Clicar com o botão direito sobre o atalho do Prompt de Comando.

2. Escolher "Executar como administrador".

3. Navegar até o diretório onde o Nmap foi instalado (geralmente C:\Program Files (x86)\Nmap) e executar os comandos diretamente.

Outra limitação comum em ambientes Windows são as interferências causadas pelo firewall embutido, que pode bloquear respostas a determinados pacotes enviados pelo Nmap. Portanto, é recomendável revisar as políticas de firewall e, quando necessário, ajustar regras para permitir tráfego de análise interno.

Instalação no macOS: Ajustes de Caminho e Controle de Permissões

No macOS, pode ser instalado utilizando o gerenciador de pacotes Homebrew, amplamente adotado por desenvolvedores e profissionais de TI. O comando é simples:

bash

```
brew install nmap
```

Esse método garante uma instalação atualizada e gerenciada, com suporte a upgrades automáticos e sem necessidade de ajustes manuais de dependências. Como em outras plataformas, é recomendável executar o Nmap com permissões elevadas quando necessário. No macOS, isso pode ser feito precedendo o comando com sudo.

Alguns usuários optam por compilar o Nmap diretamente a partir do código-fonte, o que garante controle total sobre as opções de build, arquitetura e bibliotecas utilizadas. Embora não seja obrigatório para a maioria dos casos, essa abordagem é comum em ambientes de pesquisa, auditoria profunda ou personalização de scripts e funcionalidades.

Primeiros Comandos e Parâmetros Fundamentais

Ao concluir a instalação, o uso do Nmap começa pela execução direta no terminal ou console. A forma básica de invocação segue o modelo:

bash

```
nmap [opções] <alvo>
```

Um dos primeiros comandos mais didáticos é a varredura padrão de um único host:

bash

```
nmap 192.168.0.10
```

Essa simples instrução já ativa uma série de processos internos: o Nmap tenta identificar se o host está ativo (host discovery), realiza uma varredura das mil portas mais comuns (port scan), determina os estados de cada porta (aberta, filtrada, fechada) e exibe um relatório em texto legível.

Para realizar a mesma operação em múltiplos hosts, pode-se usar faixas de IPs ou CIDR:

bash

```
nmap 192.168.0.1-50
nmap 10.0.0.0/24
```

A flexibilidade sintática permite definir listas de alvos em arquivos externos ou usar nomes de domínio diretamente. Essa riqueza de formas de especificação contribui para sua adaptabilidade a diferentes cenários.

Opções Básicas de Varredura: Conhecendo o Terreno

Algumas opções são recorrentes e indispensáveis para quem está iniciando:

- -sS: varredura SYN stealth, envia pacotes SYN e aguarda respostas sem completar o handshake. Ideal para detecção sem estabelecer conexões completas.

- -sT: varredura TCP connect, mais simples, mas mais visível. Usa as funções do sistema operacional para estabelecer conexões TCP.

- -sU: varredura de portas UDP, geralmente mais lenta, mas fundamental para detectar serviços baseados em UDP.

- -p: especifica portas a serem escaneadas, como em -p 22,80,443 ou faixas como -p 1-1024.

Cada uma dessas opções ativa variações no comportamento da engine de varredura do Nmap. Por exemplo, ao utilizar -sS, o Nmap depende da capacidade de enviar pacotes raw — o que exige permissões administrativas. Já -sT é executado mesmo por usuários comuns, mas é facilmente detectável por firewalls.

Outro parâmetro útil é -v ou -vv, que aumenta a verbosidade da saída. Isso permite acompanhar o progresso da varredura em tempo real, especialmente útil em redes lentas ou ambientes com muitos dispositivos.

Ajustes Iniciais para Segurança e
Eficiência Operacional

Antes de começar a usar a ferramenta de forma extensiva, é prudente realizar alguns ajustes operacionais que aumentam a segurança e a confiabilidade das varreduras. Um dos principais é a definição do modo de timing. O Nmap permite controlar a agressividade da varredura com a opção -T, que varia de 0 a 5:

- -T0 é o modo mais lento e discreto, usado para evitar detecção.

- -T4 é uma boa escolha para redes confiáveis, balanceando velocidade e precisão.

- -T5 é extremamente agressivo, útil para redes locais rápidas, mas suscetível a falsos positivos.

O controle de timing influencia não apenas a velocidade de envio dos pacotes, mas também o comportamento em relação a retransmissões, paralelismo e detecção de resposta. Um erro comum é utilizar -T5 em redes instáveis ou sobrecarregadas, o que pode causar perda de pacotes e interpretações incorretas dos estados das portas.

Outro parâmetro importante para iniciantes é o --open, que filtra os resultados e mostra apenas as portas abertas. Isso reduz ruído visual e foca a atenção nos serviços efetivamente ativos:

bash

```
nmap --open 192.168.0.0/24
```

Para análises recorrentes ou em ambientes sensíveis, é recomendável utilizar a opção de exportação dos resultados com -oN (formato legível) ou -oX (XML para automação):

bash

```
nmap -oN resultado.txt 192.168.1.1
nmap -oX resultado.xml 192.168.1.1
```

Os arquivos podem ser versionados, comparados ao longo do tempo e utilizados como base para auditorias formais.

Prevenção de Erros Comuns e Recomendações Práticas

A utilização inexperiente do Nmap pode gerar uma série de problemas que comprometem a análise. O primeiro deles é a falta de privilégio adequado. Executar varreduras que dependem de pacotes raw sem sudo ou permissões administrativas leva a resultados incompletos ou falhas silenciosas.

Outro erro recorrente é varrer um ambiente sem considerar o impacto no tráfego de rede. Embora o Nmap seja eficiente, varreduras em larga escala com -T5 ou múltiplos alvos simultâneos podem saturar switches, firewalls ou links lentos, gerando instabilidade e alertas desnecessários.

Para mitigar esse risco, recomenda-se testar as varreduras em ambientes controlados, limitar a quantidade de hosts por lote e monitorar o tráfego com ferramentas auxiliares, como iftop ou Wireshark.

Também é fundamental respeitar as boas práticas de escaneamento: não realizar varreduras sem autorização explícita, não direcionar tráfego a serviços externos desconhecidos e sempre documentar os alvos e os objetivos de cada análise.

Resumo Estratégico

O processo de instalação, parametrização e execução inicial do Nmap exige atenção aos detalhes, mas oferece uma base sólida para operações mais complexas. Ao dominar o uso de opções como -sS, -sU, -p, --open e -T, o profissional ganha controle preciso sobre como o Nmap se comporta, adaptando suas funções às exigências de cada rede.

A compreensão das permissões, do impacto da varredura e das diferenças entre sistemas operacionais permite que o Nmap opere com eficiência e segurança, mesmo em ambientes mistos e altamente restritivos.

Com os fundamentos da instalação e uso básico devidamente

consolidados, o próximo passo será explorar a capacidade do Nmap em detectar hosts ativos e mapear redes de forma detalhada e eficiente. Esse será o ponto de partida para análises estruturadas, detecção de vulnerabilidades e inspeção contínua da superfície de exposição em qualquer tipo de ambiente.

CAPÍTULO 3. MAPEAMENTO DE HOSTS E DESCOBERTA DE REDE

A descoberta de ativos em uma rede é uma das etapas mais cruciais para qualquer profissional de segurança, administrador de sistemas ou engenheiro de infraestrutura. Antes que qualquer ação seja tomada — seja de auditoria, defesa, manutenção ou análise ofensiva — é necessário entender com precisão o que existe na rede, como os dispositivos estão interconectados e quais serviços estão ativos. O Nmap, como ferramenta de varredura e descoberta de redes, oferece uma gama de técnicas para identificar hosts vivos, detectar sistemas operacionais e mapear com eficiência tanto redes internas quanto ambientes externos com múltiplas camadas de proteção.

Panorama Geral e Conceitos Fundamentais

Mapear uma rede não se trata apenas de obter uma lista de IPs. A complexidade das redes modernas exige a capacidade de diferenciar dispositivos reais de respostas automatizadas, interpretar corretamente firewalls silenciosos e correlacionar padrões de tráfego com os serviços subjacentes. Para isso, o Nmap disponibiliza diferentes estratégias de descoberta, adaptadas aos diversos cenários técnicos encontrados no campo.

Os métodos de descoberta de hosts podem ser agrupados em três categorias principais:

1. **Varredura ativa com pacotes TCP e UDP**, onde o Nmap envia pacotes personalizados e interpreta as respostas recebidas.

2. **Técnicas de varredura passiva ou semi-passiva**, com foco em evitar detecção e coleta de informações sem interação direta.

3. **Descoberta de sistemas operacionais e fingerprints**, que analisa características de pilhas de rede para inferir o sistema em uso.

Tais mecanismos operam de forma complementar. Em uma rede local, a descoberta ativa baseada em ARP pode ser extremamente eficaz. Em redes protegidas por firewalls, técnicas stealth com pacotes TCP SYN podem ser mais apropriadas. Já em ambientes de nuvem, onde a latência e as regras de roteamento variam, é preciso combinar múltiplas abordagens para garantir um mapeamento eficaz.

Aplicação Prática

A forma mais direta de descobrir hosts em uma rede é executar o Nmap com o parâmetro -sn. Esta opção instrui a ferramenta a realizar apenas o host discovery, sem escanear portas, o que torna o processo mais rápido e menos intrusivo:

bash

```
nmap -sn 192.168.1.0/24
```

O comando varre o intervalo de IPs informado e utiliza uma combinação de ICMP echo requests (ping), pacotes TCP SYN e requisições ARP para determinar quais hosts estão ativos. A resposta padrão do Nmap inclui a identificação do endereço MAC e, quando possível, o fabricante do dispositivo, o que já fornece indícios valiosos para classificar os equipamentos.

Em redes locais, o uso do protocolo ARP oferece excelente acurácia. Ao enviar pacotes ARP para cada IP no intervalo, o Nmap verifica diretamente com os dispositivos conectados ao mesmo segmento de rede. Este método é confiável porque não depende de firewalls ou regras de roteamento, sendo ideal para inventário de dispositivos internos.

Já em redes mais restritas ou externas, o ARP não é aplicável. Nesse caso, o Nmap recorre a pacotes TCP SYN direcionados a portas comuns (como 80 e 443) e pacotes ICMP para inferir a presença de um host:

bash

```
nmap -sn -PS80,443 -PE 10.0.0.0/24
```

O parâmetro -PS especifica portas TCP para envio de pacotes SYN, enquanto -PE ativa os pacotes ICMP Echo. Essas variações aumentam a taxa de sucesso na descoberta de hosts atrás de firewalls que bloqueiam pings padrão mas permitem conexões a serviços web.

Outra forma de adaptar a técnica ao ambiente é o uso de pacotes UDP com -PU. Como muitos dispositivos respondem a pacotes UDP em portas específicas (como 53 para DNS ou 161 para SNMP), o uso dessas portas pode revelar ativos que ignoram requisições ICMP ou TCP:

bash

```
nmap -sn -PU53,161 172.16.0.0/16
```

A escolha das portas utilizadas nas varreduras SYN (-PS) ou UDP (-PU) deve refletir os serviços típicos do ambiente. Em servidores web, as portas 80 e 443 são ideais. Em redes industriais, pode-se testar portas como 502 (Modbus) ou 20000 (DNP3).

Varreduras Passivas e Detecção Discreta

Embora o Nmap seja, por natureza, uma ferramenta ativa, é possível reduzir seu nível de ruído e realizar descobertas de forma menos detectável. O parâmetro -Pn desativa o host discovery e força o Nmap a escanear todas as portas, independentemente de o host parecer ativo ou não. Essa opção é útil quando o firewall bloqueia todas as tentativas de detecção, mas as portas continuam acessíveis:

bash

```
nmap -Pn -p 22,80,443 203.0.113.1
```

Em contextos onde se deseja minimizar detecção, também é possível ajustar o timing da varredura com -T0 (modo paranoid) ou -T1 (modo sneaky). Essas opções aumentam os intervalos entre pacotes e reduzem o paralelismo, o que evita alertas em IDSs e SIEMs corporativos.

Outra técnica de varredura passiva consiste em capturar o tráfego com ferramentas como Wireshark ou Zeek e utilizar o Nmap para processar esses dados posteriormente. Ao importar arquivos PCAP, o Nmap pode analisar quais hosts estavam ativos durante a captura, sem nunca enviar pacotes diretamente.

Detecção de Sistemas Operacionais

Identificar se um host está ativo é apenas o primeiro passo. O Nmap permite ir além, detectando o sistema operacional com base em respostas específicas a pacotes TCP e ICMP. A detecção é ativada com a opção -O:

bash

```
nmap -O 192.168.100.1
```

Esse modo ativa um conjunto de testes que exploram características como:

- Tamanho da janela TCP

- Ordem dos flags nos pacotes

- Comportamento frente a pacotes malformados

- TTL (Time To Live) padrão

A engine de detecção compara as respostas com uma base de dados interna de fingerprints para inferir o sistema em uso. É possível identificar não apenas a família (Linux, Windows, BSD), mas também a versão aproximada do kernel ou sistema operacional. O parâmetro --osscan-guess força a tentativa de identificação mesmo quando as evidências são inconclusivas.

A precisão da detecção de SO pode ser afetada por fatores como proxies, balanceadores de carga e firewalls que alteram os pacotes de resposta. Por isso, é importante tratar os resultados como indicativos e, quando possível, cruzar com outras fontes de informação, como banners de serviços detectados com -sV.

Erros Comuns e Como Corrigi-los

Erro: Nenhum host foi detectado, apesar de sabermos que estão ativos.

Causa: Firewalls bloqueando pacotes ICMP e SYN usados na detecção padrão.

Solução: Utilizar -Pn para forçar o escaneamento e -PS com portas ativas para aumentar a chance de resposta.

Erro: Detecção de SO retorna "no exact OS matches for host".

Causa: Insuficiência de dados para comparação ou interferência de equipamentos intermediários.

Solução: Usar --osscan-guess e complementar com identificação de serviços via -sV.

Erro: Todos os hosts retornam como ativos, mas não respondem às varreduras de portas.

Causa: Respostas automáticas a pacotes ICMP ou ARP, sem serviços realmente acessíveis.

Solução: Combinar descoberta de hosts com varreduras específicas de portas para validar acessibilidade.

Boas Práticas

Em ambientes corporativos, a descoberta de hosts é geralmente realizada de forma periódica para manter o inventário atualizado e detectar dispositivos não autorizados. Uma abordagem eficiente consiste em combinar a varredura com exportação de resultados:

bash

```
nmap -sn 192.168.1.0/24 -oG ativos.txt
```

O formato -oG gera uma saída greppable, ideal para ser processada com scripts ou ferramentas de análise. Em seguida, pode-se extrair os IPs ativos com um simples comando:

bash

```
grep "Up" ativos.txt | cut -d " " -f2
```

Esse tipo de automação permite integrar o Nmap a pipelines de monitoramento, alertando administradores sempre que novos dispositivos surgem na rede. Outra aplicação prática está na análise de redes públicas ou ambientes em nuvem. Ao realizar varreduras em ranges maiores, pode-se identificar instâncias mal configuradas, serviços expostos indevidamente e inconsistências entre a configuração declarada e a infraestrutura real.

A identificação de dispositivos por endereço MAC também pode revelar acessos indevidos. Ao mapear os fabricantes comumente presentes na rede, qualquer nova entrada com OUI desconhecido pode ser tratada como anômala.

Resumo Estratégico

O mapeamento de hosts e a descoberta de rede constituem a base para qualquer operação técnica envolvendo visibilidade, segurança e gestão de infraestrutura. O Nmap oferece um arsenal completo de métodos para descobrir dispositivos, desde as abordagens ARP em redes locais até técnicas stealth em ambientes protegidos por firewalls e regras de roteamento.

Dominar essas funcionalidades permite não apenas realizar inventários com precisão, mas também identificar vulnerabilidades, rastrear mudanças não autorizadas e manter o controle sobre a superfície de exposição. A capacidade de combinar diferentes estratégias, adaptar-se ao ambiente e interpretar os resultados com discernimento técnico é o que diferencia o uso amador do uso profissional da ferramenta.

Ao avançar, o uso dessas técnicas será a base para varreduras de portas, detecção de vulnerabilidades e automação de auditorias, consolidando o Nmap como o instrumento central na prática moderna de segurança de redes.

CAPÍTULO 4. VARREDURA DE PORTAS E PROTOCOLOS ESSENCIAIS

A varredura de portas é o núcleo funcional do Nmap e o elemento mais determinante para identificar serviços ativos, vulnerabilidades e exposições indevidas em qualquer tipo de rede. Ao investigar quais portas estão abertas em um host, o profissional adquire conhecimento direto sobre os serviços escutando conexões, suas configurações e seus respectivos comportamentos. Essa atividade permite avaliar a superfície de ataque, validar configurações de firewall e identificar sistemas fora de conformidade com as políticas de segurança.

As portas de rede são os pontos de entrada e saída de comunicação entre dispositivos. Cada porta é associada a um número que identifica um serviço, como 22 para SSH, 80 para HTTP ou 443 para HTTPS. Quando o Nmap realiza uma varredura de portas, ele tenta se conectar ou interagir com esses pontos de forma sistemática, classificando seu estado como aberta, fechada, filtrada ou desconhecida. O comportamento dessas portas fornece dados essenciais sobre a função e a exposição de cada host.

Panorama Geral e Conceitos Fundamentais

A ferramenta oferece diferentes métodos de varredura, cada um com características técnicas específicas. Os dois modos mais utilizados são:

- -sS: varredura SYN stealth, que envia pacotes SYN sem

completar a conexão TCP.

- -sU: varredura UDP, focada na detecção de serviços que usam esse protocolo.

Além disso, o parâmetro -p permite especificar quais portas serão testadas, e a opção -A ativa funcionalidades avançadas, incluindo detecção de sistema operacional, versões de serviços e scripts NSE.

Cada combinação de parâmetros produz resultados distintos, que devem ser interpretados com conhecimento técnico para evitar conclusões erradas. O entendimento profundo dos estados das portas, bem como os efeitos de firewalls, NATs e proxies, é indispensável para garantir análises consistentes e replicáveis.

Aplicação Prática

A forma mais direta de realizar uma varredura de portas é:

bash

```
nmap -p 1-1000 192.168.1.10
```

O comando testa as portas de 1 a 1000 do host indicado. O intervalo pode ser ajustado conforme o objetivo da análise. Em auditorias completas, a varredura total com -p- (todas as 65535 portas) é recomendada:

bash

```
nmap -p- 10.0.0.5
```

A análise de todas as portas permite identificar serviços em portas não convencionais, utilizados com frequência por malwares, backdoors ou aplicações internas mal configuradas. Muitos sistemas expõem serviços em portas fora do padrão para dificultar a detecção, prática conhecida como security through obscurity. O Nmap ignora essa obstrução ao escanear todo o espectro de portas disponíveis.

Para uma varredura mais rápida e discreta, a varredura SYN stealth com -sS é a técnica mais eficiente. Ela envia um pacote SYN, aguarda a resposta e encerra o processo antes de completar a conexão. Isso reduz o risco de detecção e impacto sobre o sistema escaneado:

bash

```
sudo nmap -sS -p 1-1000 192.168.0.1
```

A execução desse comando requer privilégios administrativos, pois a manipulação direta dos pacotes SYN não é permitida a usuários comuns na maioria dos sistemas operacionais. Esse tipo de varredura é extremamente útil em ambientes protegidos por sistemas de detecção de intrusão (IDS), já que muitos deles não reagem a pacotes não concluídos.

Em contrapartida, a varredura TCP full connect, ativada com -sT, utiliza as chamadas do sistema operacional para estabelecer uma conexão completa com a porta, sendo mais fácil de detectar:

bash

```
nmap -sT -p 22,80,443 192.168.0.1
```

A escolha entre -sS e -sT depende do objetivo, permissões disponíveis e sensibilidade do ambiente. Em redes corporativas com sistemas de segurança, a discrição da varredura stealth pode ser fundamental. Já em auditorias internas com autorização plena, a varredura full connect proporciona maior compatibilidade, mesmo sem privilégios elevados.

Varreduras UDP e Detecção de Protocolos Silenciosos

Serviços como DNS, SNMP, TFTP e NTP operam sobre UDP, um protocolo sem conexão. Isso torna a detecção de portas abertas mais complexa, pois muitos sistemas não respondem quando recebem pacotes em portas UDP fechadas. O Nmap contorna essa limitação ao aguardar respostas específicas ou a ausência de mensagens ICMP do tipo "port unreachable".

A varredura UDP é ativada com o parâmetro -sU:

bash

```
sudo nmap -sU -p 53,161,123 10.0.0.10
```

Como essa técnica depende do tempo de espera por respostas que podem não chegar, é naturalmente mais lenta. Para acelerar o processo, recomenda-se limitar as portas a serem testadas ou usar a varredura híbrida -sS -sU, que combina TCP e UDP simultaneamente:

bash

```
sudo nmap -sS -sU -p T:22,80,443,U:53,161 192.168.1.1
```

O uso da notação T: e U: permite especificar conjuntos distintos de portas para cada protocolo, otimizando a varredura e evitando análise redundante de portas irrelevantes.

Detecção de Versões, Scripts e Varredura Agressiva

O parâmetro -A ativa uma série de funcionalidades simultaneamente:

- Detecção de sistema operacional (-O)

- Identificação de versões de serviços (-sV)

- Execução de scripts NSE padrão (--script=default)

- Traceroute

bash

sudo nmap -A 192.168.1.5

Embora essa varredura forneça uma visão ampla do host, ela é mais demorada e visível na rede. Em ambientes sensíveis, o uso de -A deve ser cauteloso, pois alguns serviços podem registrar ou bloquear interações fora do esperado.

Quando o foco está em descobrir os detalhes de um serviço específico, é preferível utilizar -sV isoladamente:

bash

nmap -sV -p 21,22,80 192.168.1.10

O comando tenta identificar o nome e a versão exata do serviço em execução nas portas indicadas, baseando-se em banners, respostas a comandos e padrões de protocolo. Os resultados são comparados com uma base interna de assinaturas que pode ser atualizada regularmente.

Erros Comuns e Como Corrigi-los

Erro: Todas as portas aparecem como "filtered".
Causa: Firewall impedindo a chegada dos pacotes ou suprimindo as respostas.
Solução: Alterar tipo de varredura, utilizar -Pn para ignorar host discovery e combinar técnicas TCP/UDP.

Erro: Varredura UDP não retorna resultados ou demora excessivamente.
Causa: Natureza silenciosa do protocolo UDP e ausência de mensagens de erro.
Solução: Reduzir o número de portas analisadas, aumentar o timeout com --host-timeout e priorizar portas UDP comuns.

Erro: Serviço detectado em porta incomum.

Causa: Aplicações configuradas para usar portas alternativas, comum em servidores customizados.

Solução: Validar com -sV e revisar políticas internas para verificar se a prática é autorizada.

Erro: Detecção incorreta da versão do serviço.

Causa: Serviços que ocultam banners, utilizam proxies ou respondem de forma ambígua.

Solução: Utilizar --version-all para forçar análise detalhada e cruzar dados com outros métodos de inspeção.

Boas Práticas

A escolha do escopo da varredura deve considerar a criticidade do ambiente, o tipo de rede e os objetivos da análise. Algumas boas práticas incluem:

- Em redes internas, sempre utilizar -p- para capturar serviços em portas não convencionais.

- Iniciar com -sS e expandir para -sV apenas nos alvos confirmados como ativos.

- Aplicar --open para filtrar apenas portas abertas, facilitando a leitura dos resultados.

- Usar -oN ou -oG para registrar os resultados e facilitar auditorias e revarreduras.

bash

```
nmap -sS -p- --open -oN resultado_rede.txt 192.168.1.0/24
```

Tais comandos produzem relatórios legíveis e organizados, facilitando a posterior análise com grep, awk ou scripts personalizados. Quando o ambiente exige automação ou integração com outras ferramentas, recomenda-se utilizar o formato XML com -oX ou JSON com -oJ.

A criação de rotinas programadas com o Nmap é comum em equipes de segurança e operações, permitindo o monitoramento contínuo da exposição da rede. Ao detectar uma nova porta aberta ou uma mudança de versão de serviço, alertas podem ser disparados automaticamente.

Resumo Estratégico

O conhecimento técnico da varredura de portas no Nmap é o que distingue o uso básico de uma abordagem profissional. Compreender o funcionamento de cada tipo de varredura, adaptar os parâmetros ao ambiente e interpretar os resultados com precisão são competências fundamentais para qualquer especialista em redes e segurança.

Ao aplicar técnicas como -sS, -sU, -p- e -sV, combinadas com a lógica de varredura seletiva e análise de protocolos, é possível mapear com profundidade os serviços em execução, identificar exposições indevidas e obter visibilidade total sobre o comportamento da infraestrutura de rede.

A qualidade das decisões tomadas em segurança e administração depende diretamente da acurácia dessas varreduras. Por isso, a prática contínua, o ajuste fino dos parâmetros e a compreensão do tráfego de rede são elementos indispensáveis para um uso eficiente e ético do Nmap.

CAPÍTULO 5. SCRIPTING ENGINE DO NMAP (NSE) E AUTOMAÇÃO

A real sofisticação técnica do Nmap não está apenas na sua habilidade de mapear redes, detectar serviços ou identificar sistemas operacionais. O grande diferencial da ferramenta reside na sua capacidade de automatizar tarefas avançadas por meio da NSE — Nmap Scripting Engine. Essa engine poderosa transforma a ferramenta em uma plataforma de detecção e exploração que vai muito além de simples varreduras. Por meio da NSE, o operador pode executar scripts prontos, desenvolver rotinas customizadas e integrar o Nmap a sistemas mais amplos de automação, auditoria e resposta a incidentes.

A NSE representa a interseção entre análise de rede e programação orientada à segurança. Sua arquitetura modular, baseada na linguagem Lua, permite a criação de scripts altamente eficientes, leves e capazes de interagir profundamente com os protocolos analisados. Com ela, é possível automatizar desde a coleta de informações básicas até testes de vulnerabilidades específicas, comportamentos de serviços e exploração de brechas conhecidas, tudo com extrema precisão e controle.

Panorama Geral e Arquitetura da NSE

A Nmap Scripting Engine foi projetada para ser flexível, extensível e segura. Cada script é escrito em Lua, uma linguagem leve e embutível, e opera dentro de um ambiente controlado pelo próprio Nmap. A estrutura da engine define quatro fases principais de execução:

1. **prerule** — scripts executados antes da varredura.

2. **hostrule** — scripts que operam sobre um host detectado.

3. **portrule** — scripts que atuam em uma porta específica aberta.

4. **postrule** — scripts que rodam após o término das varreduras.

Cada script é classificado em categorias, como auth, discovery, vuln, exploit, brute, safe, intrusive, **entre outras.** Essa organização permite ao operador escolher scripts com base no nível de intrusão desejado, no objetivo da varredura e no tipo de informação que deseja extrair.

O diretório padrão dos scripts, nos sistemas baseados em Unix, costuma ser:

bash

/usr/share/nmap/scripts/

Cada arquivo .nse representa um script que pode ser executado isoladamente ou como parte de uma varredura maior. Além disso, o Nmap mantém uma base de dados auxiliar, script.db, que relaciona os scripts disponíveis, suas descrições, categorias e dependências.

Execução de Scripts Prontos

Para rodar scripts prontos com o Nmap, utiliza-se o parâmetro -- script, que pode receber tanto o nome de um script quanto uma categoria completa:

bash

```
nmap --script=http-title 192.168.1.10
```

O comando executa o script http-title.nse, que conecta-se a servidores HTTP e coleta os títulos das páginas, útil para identificar aplicações web rapidamente.

Também é possível executar múltiplos scripts de uma só vez:

bash

```
nmap --script=ftp-anon,http-title,smb-os-discovery
192.168.1.10
```

Ou então rodar todos os scripts de uma determinada categoria, como:

bash

```
nmap --script=vuln 192.168.1.10
```

Essa instrução ativa todos os scripts classificados como voltados para descoberta de vulnerabilidades, como smb-vuln-ms17-010, http-shellshock, ftp-vsftpd-backdoor, entre outros. É uma abordagem poderosa, mas que deve ser utilizada com responsabilidade, pois alguns desses scripts são considerados intrusivos.

Para complementar, o operador pode combinar --script com -sV, de modo que o Nmap identifique previamente os serviços ativos e execute scripts NSE sobre eles:

bash

```
nmap -sV --script=default 10.0.0.5
```

A categoria default inclui scripts considerados seguros e informativos, sem comportamento de ataque ou exploração. É indicada para auditorias iniciais ou análises em redes internas sob sua administração.

Criação de Scripts Personalizados

Escrever scripts personalizados em NSE exige conhecimento da linguagem Lua e compreensão da arquitetura do Nmap. Um script básico segue a seguinte estrutura:

lua

```lua
description = [[
  Coleta cabeçalhos HTTP de uma porta web.
]]

author = "Diego Rodrigues"
license = "Same as Nmap"
categories = {"discovery"}

portrule = function(host, port)
  return port.protocol == "tcp" and port.service == "http"
end

action = function(host, port)
  local socket = nmap.new_socket()
  socket:connect(host.ip, port.number)
  socket:send("HEAD / HTTP/1.0\r\n\r\n")
  local response = socket:receive_lines(1)
  socket:close()
  return response
end
```

O script se conecta a portas que rodem o serviço HTTP, envia uma requisição do tipo HEAD e retorna o cabeçalho da resposta. A função portrule define em quais condições o script será executado, e a função action define a lógica propriamente dita da operação.

Ao salvar esse código como meu-script.nse, ele pode ser executado diretamente:

bash

```
nmap --script=./meu-script.nse -p80 192.168.1.10
```

Scripts personalizados podem ser utilizados para:

- Validar configurações específicas de segurança.

- Coletar informações proprietárias de sistemas internos.

- Automatizar testes de conformidade.

- Reproduzir interações com protocolos incomuns.

A criação desses scripts deve sempre priorizar a clareza, a segurança e a robustez contra falhas. Um script mal escrito pode gerar falsos positivos, interromper serviços ou comprometer a confiabilidade da análise.

Automação com Logs, Integrações e Orquestração

Um dos maiores benefícios da NSE está em sua capacidade de ser integrada a pipelines e sistemas de automação. A saída dos scripts pode ser registrada em arquivos com -oN, -oX ou -oJ para posterior análise por scripts de terceiros, sistemas de SIEM ou ferramentas de dashboard:

bash

```
nmap --script=ssl-cert -oX resultados.xml 192.168.1.1
```

A integração com ferramentas como Splunk, Elastic Stack ou Graylog permite indexar os resultados das varreduras NSE e gerar alertas automatizados. Em ambientes corporativos, essa automação é fundamental para manter a visibilidade contínua de vulnerabilidades e exposições.

Além disso, é possível orquestrar execuções do Nmap com NSE

por meio de ferramentas como Ansible, Jenkins, cronjobs ou scripts em Bash e Python. Um fluxo simples de automação pode envolver:

1. Identificação de hosts ativos com -sn.

2. Varredura de portas com -sS e -p-.

3. Execução de scripts NSE com --script=vuln.

4. Geração de relatório em XML.

5. Envio do relatório para análise ou repositório.

O ciclo pode ser executado diariamente, semanalmente ou sob demanda, garantindo que mudanças na rede sejam detectadas rapidamente. Para empresas que lidam com conformidade regulatória, como PCI-DSS ou ISO 27001, essa capacidade de auditoria contínua é um diferencial operacional e estratégico.

Erros Comuns e Como Corrigi-los

Erro: Script não é executado mesmo após o comando correto.
Causa: A função portrule não corresponde à porta ou protocolo detectado.
Solução: Validar as condições do script e os serviços detectados com -sV.

Erro: Mensagem de "script does not return a result".
Causa: O script não possui retorno adequado ou houve falha na comunicação.
Solução: Adicionar tratamento de erro e depurar com nmap --script-trace.

Erro: Falha ao carregar script personalizado.
Causa: Caminho incorreto ou script malformado.
Solução: Garantir que o script esteja com sintaxe válida e seja executável no contexto do Nmap.

Erro: Execução de scripts causa lentidão excessiva.

Causa: Scripts complexos rodando em múltiplos alvos simultaneamente.

Solução: Reduzir escopo, limitar número de alvos e ajustar timing com --min-parallelism.

Boas Práticas

Ao incorporar scripts NSE em auditorias e varreduras, algumas boas práticas devem ser seguidas:

- Priorizar scripts da categoria safe para ambientes críticos.

- Evitar --script=vuln em redes que não sejam de sua propriedade ou sem autorização formal.

- Utilizar --script-args para passar parâmetros aos scripts, como credenciais, URLs ou caminhos específicos.

- Validar resultados manualmente sempre que uma vulnerabilidade for reportada, especialmente quando o script utiliza heurísticas ou respostas ambíguas.

- Manter os scripts atualizados com nmap --script-updatedb para garantir que novas versões sejam reconhecidas.

A escrita e uso de scripts NSE também representa uma excelente oportunidade de capacitação para profissionais que desejam aprofundar seus conhecimentos em protocolos, engenharia reversa e análise comportamental de serviços.

Resumo Estratégico

A Scripting Engine do Nmap expande radicalmente o escopo da ferramenta, tornando possível transformar varreduras simples em auditorias completas, testes de segurança avançados e análises contextualizadas. Ao dominar o uso de scripts prontos, criar suas próprias rotinas e integrá-las a fluxos automatizados, o profissional eleva sua capacidade técnica e otimiza processos de segurança, conformidade e operação.

A NSE é uma ponte entre a detecção e a ação. Em mãos experientes, ela permite que o Nmap deixe de ser apenas uma ferramenta de diagnóstico e se torne um sistema completo de reconhecimento, exploração e resposta proativa. Com precisão, responsabilidade e método, a NSE redefine o que significa mapear e compreender redes em profundidade.

CAPÍTULO 6. IDENTIFICAÇÃO DE VERSÃO E SISTEMAS OPERACIONAIS

Conhecer os serviços em execução e os sistemas operacionais presentes em uma rede é parte essencial de qualquer processo de análise técnica, seja para fins de auditoria, segurança ofensiva, administração de sistemas ou resposta a incidentes. A correta identificação de versões e plataformas permite avaliar riscos, identificar vulnerabilidades conhecidas, adequar políticas de acesso e definir ações estratégicas. O Nmap, além de detectar portas abertas, possui funcionalidades avançadas para identificar quais serviços estão rodando nessas portas e quais sistemas operacionais estão por trás dos dispositivos acessados.

Essas funções são acessadas por meio das opções -sV e -O, que ativam, respectivamente, a detecção de versão de serviço e a identificação de sistema operacional. Ambas operam com base em técnicas de fingerprinting, comparação de respostas e análise comportamental de protocolos. A interpretação dos dados requer atenção e critério, especialmente diante de ambientes com firewalls, proxies ou técnicas deliberadas de ofuscação.

Panorama Geral e Fundamentos Técnicos

O parâmetro -sV instrui o Nmap a se conectar às portas abertas encontradas e coletar informações suficientes para determinar o serviço em execução e, sempre que possível, sua versão. O processo envolve:

- Análise de banners

- Envio de pacotes específicos do protocolo

- Requisições adaptativas

- Comparação com uma base de dados de assinaturas

Já a detecção de sistema operacional com -O trabalha de maneira diferente. Nesse caso, a ferramenta envia uma série de pacotes TCP, ICMP e outros tipos de tráfego e analisa as respostas segundo características específicas da pilha de rede do alvo. São avaliados elementos como:

- TTL (Time To Live)

- Tamanho da janela TCP

- Flags TCP ativas

- Ordem e tempo de resposta

- Comportamento diante de pacotes malformados

Os dados são então comparados com uma base de fingerprints mantida pelo próprio projeto Nmap, capaz de identificar versões específicas de sistemas operacionais, como Linux 5.x, Windows Server, FreeBSD, OpenWRT, entre outros.

A combinação dessas duas funcionalidades — -sV e -O — fornece uma visão completa dos serviços e plataformas presentes em uma rede, sendo o ponto de partida para a avaliação de exposições, elaboração de relatórios técnicos e construção de mapas de ameaça.

Detecção de Versão com -sV

Para ativar a identificação de versões dos serviços detectados durante uma varredura, utiliza-se:

bash

```
nmap -sV 192.168.0.10
```

O comando executa uma varredura padrão de portas e, nas portas abertas, o Nmap tenta determinar não apenas o tipo de serviço (por exemplo, SSH ou HTTP), mas também a versão precisa, como "OpenSSH 8.2p1" ou "Apache httpd 2.4.41".

Em situações onde a precisão é fundamental, pode-se usar o modificador --version-all, que força o Nmap a aplicar todos os métodos disponíveis de detecção, incluindo os mais demorados:

bash

```
nmap -sV --version-all 192.168.0.10
```

Essa abordagem é útil em ambientes onde os serviços retornam banners incompletos ou foram configurados para ocultar informações. O Nmap tenta contornar essas restrições por meio de testes de resposta e comportamento, o que pode revelar detalhes mesmo quando o banner não é informativo.

A base de dados utilizada para comparação é armazenada localmente e pode ser atualizada com frequência. Os arquivos envolvidos são nmap-service-probes e version.db, geralmente encontrados em /usr/share/nmap/. A manutenção e atualização desses arquivos garantem a confiabilidade das detecções.

Outro comando útil para depurar a detecção de versão é --version-trace, que mostra em tempo real quais testes o Nmap está realizando em cada serviço:

bash

```
nmap -sV --version-trace 192.168.0.10
```

A opção é valiosa para quem está aprendendo ou deseja entender a lógica por trás da identificação, pois permite acompanhar cada tentativa, resposta recebida e comparação realizada.

Identificação de Sistema Operacional com -O

A identificação do sistema operacional exige privilégios elevados, pois o Nmap precisa enviar pacotes raw. Em sistemas Unix-like, isso requer o uso do sudo:

bash

```
sudo nmap -O 192.168.0.10
```

Com esse comando, o Nmap ativa sua engine de fingerprinting passivo e ativo. São enviados pacotes ICMP echo, TCP SYN com diferentes parâmetros, pacotes com flags incomuns e pacotes fragmentados. O conjunto de respostas é comparado com a base de fingerprints armazenada em nmap-os-db.

A precisão desse processo é geralmente alta em redes locais, onde não há interferência de equipamentos intermediários. Em ambientes protegidos por NAT, proxies ou firewalls que reescrevem os pacotes, a detecção pode retornar "No exact OS matches" ou apresentar resultados ambíguos. Para lidar com isso, existe a opção --osscan-guess:

bash

```
sudo nmap -O --osscan-guess 192.168.0.10
```

A variação instrui o Nmap a retornar as melhores aproximações possíveis, mesmo quando a correspondência exata não é encontrada. É uma forma útil de obter uma ideia geral do sistema, especialmente quando se trabalha com dispositivos embarcados, appliances ou versões modificadas de sistemas operacionais.

Quando se deseja realizar uma varredura completa, incluindo portas, serviços, versões e sistema operacional, pode-se combinar os parâmetros:

bash

```
sudo nmap -sS -sV -O -p- 192.168.0.10
```

Assim, realiza-se uma varredura SYN stealth em todas as portas, identifica os serviços e versões e tenta determinar o sistema operacional com máxima profundidade. O resultado é uma radiografia detalhada do host.

Correlação de Resultados com Fontes Externas

A riqueza dos dados obtidos com -sV e -O pode ser ampliada ao cruzá-los com bancos de dados públicos e feeds de vulnerabilidades. Ao identificar, por exemplo, que um servidor utiliza Apache 2.4.29, é possível verificar rapidamente se essa versão possui falhas conhecidas consultando fontes como:

- NVD (National Vulnerability Database)

- Exploit-DB

- SecurityFocus (Bugtraq)

- Rapid7 (VulnDB)

A automação dessa correlação é possível utilizando ferramentas como searchsploit, que já integra a base do Exploit-DB com busca local:

bash

```
searchsploit apache 2.4.29
```

Ou ainda consultando feeds CVE em ferramentas como Vulners

API, que permite consultar por fingerprint ou string do banner retornado. A integração desses sistemas ao pipeline de varredura permite priorizar respostas e gerar relatórios com base em riscos reais e vulnerabilidades documentadas.

Outra abordagem eficiente é importar os resultados do Nmap para sistemas como o Nessus, OpenVAS ou Metasploit, que possuem módulos de análise e exploração contextualizada com base na identificação feita previamente:

bash

```
nmap -sV -oX resultado.xml 192.168.0.10
```

Esse XML pode ser importado por outras ferramentas para refinar a análise e estruturar relatórios profissionais.

Erros Comuns e Como Corrigi-los

Erro: O sistema operacional não é identificado.
Causa: Equipamentos intermediários estão interferindo nas respostas, como NAT ou firewall.
Solução: Utilizar --osscan-guess, tentar a varredura a partir de outra rede ou coletar manualmente características adicionais com ferramentas complementares.

Erro: A versão do serviço foi identificada incorretamente.
Causa: O serviço foi modificado, responde com banners falsos ou há erro na base de assinaturas.
Solução: Validar com ferramentas auxiliares, como telnet, netcat ou browsers. Atualizar os arquivos nmap-service-probes.

Erro: A detecção de versão é muito lenta.
Causa: O uso de --version-all ativa testes adicionais.
Solução: Utilizar apenas -sV em situações onde a velocidade é mais importante do que a precisão completa.

Erro: O Nmap não consegue enviar pacotes para detecção do sistema operacional.
Causa: Execução sem privilégios administrativos.

Solução: Utilizar sudo ou garantir permissões root durante a execução.

Boas Práticas

- Sempre validar os resultados com múltiplas fontes. O Nmap oferece alto grau de precisão, mas é fundamental confirmar as versões dos serviços antes de realizar qualquer ação.

- Evitar confiar exclusivamente em banners. Serviços configurados para ocultar informações ou retornar dados falsos podem induzir ao erro.

- Utilizar varreduras combinadas. A detecção de sistema operacional e versão de serviços deve ser realizada em conjunto, para fornecer uma visão completa do alvo.

- Documentar os fingerprints e correlacioná-los com a arquitetura da rede. Com o tempo, é possível criar perfis de dispositivos comuns e identificar rapidamente qualquer anomalia.

- Manter os arquivos de detecção atualizados. A base de assinaturas do Nmap evolui continuamente. Utilizar versões antigas reduz a eficácia da análise.

Resumo Estratégico

A capacidade do Nmap de identificar serviços e sistemas operacionais com precisão transforma a ferramenta em um ativo indispensável na segurança de redes, administração de ambientes e resposta a incidentes. Ao dominar o uso de -sV e -O, interpretar corretamente os resultados e integrá-los com fontes externas de vulnerabilidades, o profissional se posiciona com vantagem técnica e estratégica.

Mais do que listar portas abertas, essa análise permite compreender a lógica da rede, mapear riscos reais e tomar decisões embasadas. A leitura dos serviços expostos e dos sistemas operacionais revela não apenas a superfície técnica, mas também as escolhas de configuração, manutenção e gestão que definem o perfil de segurança de uma organização. A identificação correta é, portanto, o início de toda resposta inteligente.

CAPÍTULO 7. TÉCNICAS DE EVASÃO E TIMING

Ao operar em ambientes protegidos por firewalls, sistemas de detecção de intrusão (IDS) ou monitoramento ativo, o simples ato de realizar uma varredura de rede pode acionar alertas, bloquear tráfegos ou gerar respostas automatizadas por parte dos sistemas defensivos. O Nmap, por sua robustez técnica e flexibilidade operacional, oferece uma série de recursos que permitem ajustar tanto o comportamento do tráfego quanto a forma como ele é apresentado ao alvo. As técnicas de evasão e controle de timing tornam possível adaptar a varredura a cenários sensíveis, evitando detecção ou contornando filtros que limitariam o acesso direto à superfície da rede.

Esses recursos não devem ser utilizados com o objetivo de ocultar atividades maliciosas, mas sim para realizar auditorias técnicas, testes de penetração autorizados e análises de robustez da rede. A capacidade de ajustar o volume, a forma e o conteúdo do tráfego é fundamental para testar se os mecanismos defensivos estão de fato filtrando, bloqueando ou registrando atividades suspeitas de varredura.

Evasão e Controle de Comportamento

O Nmap implementa diversas opções para modificar a forma como os pacotes são enviados. Isso inclui fragmentação de pacotes IP, personalização de cabeçalhos TCP, alteração de TTL (Time To Live), utilização de proxies, randomização de portas e controle preciso da cadência de envio dos pacotes. Além disso, o sistema de timing permite escolher entre modos discretos e modos agressivos, cada um com impacto direto sobre o tempo de execução da varredura e sua visibilidade na rede.

A evasão, no contexto técnico, significa ajustar os parâmetros de rede e estrutura dos pacotes para escapar de detecção por sistemas intermediários. O objetivo não é burlar segurança de forma maliciosa, mas compreender como as camadas defensivas reagem diante de estímulos não convencionais. Já o timing está relacionado ao controle da velocidade e paralelismo da varredura, influenciando tanto o desempenho quanto a discrição da operação.

Fragmentação de Pacotes e Obfuscação de Cabeçalhos

Uma das técnicas mais antigas e eficazes de evasão consiste na fragmentação dos pacotes IP. Ao dividir os pacotes em fragmentos menores, o Nmap dificulta a reconstrução e análise por parte de firewalls e IDS que não realizam reassembly adequado. O parâmetro utilizado é -f:

bash

```
sudo nmap -sS -f 192.168.1.1
```

O comando realiza uma varredura SYN stealth com fragmentação IP ativada. Os pacotes gerados são divididos em segmentos de 8 bytes, reduzindo a possibilidade de inspeção profunda por parte de dispositivos que não remontam os fragmentos para análise. Embora eficiente, essa técnica pode causar problemas em redes que bloqueiam fragmentos ou possuem configuração estrita de MTU.

Outra forma de obfuscação é a modificação de cabeçalhos TCP, como o uso de flags incomuns ou a combinação de parâmetros que confundem heurísticas básicas de IDS. O Nmap permite definir manualmente os flags TCP com a opção --scanflags:

bash

sudo nmap -sS --scanflags URG,PSH,FIN 192.168.1.1

A combinação acima ativa uma varredura com flags não convencionais. O objetivo não é apenas variar a assinatura dos pacotes, mas também analisar como o host e os sistemas intermediários reagem a esse tipo de tráfego. Em alguns casos, respostas inesperadas permitem inferir configurações da pilha TCP do sistema alvo ou da lógica do firewall em uso.

A manipulação do campo TTL é outra técnica relevante. Ao definir valores baixos para TTL, é possível fazer com que os pacotes expirem antes de atingir o destino real, o que pode ser útil para mapeamento indireto de rotas ou evasão de dispositivos localizados após certo número de saltos:

bash

sudo nmap -sS --ttl 5 10.0.0.10

Esse comando força os pacotes a expirarem após cinco saltos de roteamento, impedindo que alcancem o destino completo e permitindo identificar firewalls de borda ou sistemas de filtragem intermediários. A interpretação das respostas ICMP geradas ajuda a mapear a topologia defensiva da rede.

Controle Fino do Timing e Cadência de Pacotes

O Nmap oferece seis níveis pré-definidos de timing, por meio da opção -T, que variam de -T0 (paranoico) a -T5 (insano). Cada nível ajusta parâmetros como:

- Intervalo entre pacotes

- Quantidade de threads simultâneas

- Tempo de resposta esperado

- Número de retransmissões

A escolha do timing adequado depende do objetivo da análise. Em redes sensíveis ou altamente monitoradas, é recomendável utilizar -T1 ou -T2, que enviam pacotes de forma espaçada, reduzindo a chance de detecção:

bash

```
nmap -sS -T1 192.168.0.1
```

Por outro lado, em ambientes controlados onde o desempenho é prioridade, como varreduras internas ou testes em laboratório, o uso de -T4 ou -T5 proporciona varreduras muito mais rápidas, embora com maior risco de perda de pacotes ou detecção:

bash

```
nmap -sS -T4 -p- 10.0.0.1
```

É importante destacar que o uso de -T5 deve ser restrito a ambientes confiáveis e de alta performance, pois o envio acelerado de pacotes pode sobrecarregar dispositivos e gerar resultados imprecisos. A presença de firewalls stateful ou balanceadores de carga pode amplificar esses efeitos.

Para controle ainda mais granular, o Nmap permite ajustar diretamente o número de hosts escaneados em paralelo com --min-hostgroup e --max-hostgroup, bem como o número de portas simultâneas com --min-parallelism e --max-parallelism:

bash

```
nmap --min-parallelism 5 --max-parallelism 50 -p 1-1000
192.168.0.1
```

Tais opções são úteis para adaptar a varredura a características específicas da rede, como latência elevada, instabilidade ou limitação de banda.

Evasão por Uso de Proxies e Spoofing

Outra técnica de evasão possível no Nmap é o uso de proxies ou IP spoofing. Embora o Nmap não implemente diretamente spoofing de IPs de forma completa, ele permite a definição de endereços de origem com -S, desde que o sistema esteja configurado para aceitar pacotes forjados:

bash

```
sudo nmap -S 192.168.0.100 192.168.0.1
```

Tal técnica é altamente limitada por NATs, roteadores e regras de roteamento reverso. Seu uso prático está restrito a ambientes controlados e requer conhecimento profundo da topologia de rede.

Já o uso de proxies pode ser implementado por ferramentas externas em conjunto com o Nmap, especialmente quando o objetivo é mascarar a origem da varredura. O Nmap possui integração com o ncat, que pode funcionar como relay de pacotes, mas essa abordagem foge da varredura raw clássica e deve ser tratada como um complemento em arquiteturas distribuídas.

Erros Comuns e Como Corrigi-los

Erro: Varredura com -f não retorna resultados.
Causa: Fragmentos IP são bloqueados por roteadores ou firewalls intermediários.
Solução: Testar conectividade com ping -s ajustando o MTU e utilizar --mtu com valores maiores:

bash

```
sudo nmap --mtu 32 192.168.0.1
```

Erro: Resultados inconsistentes com -T5.
Causa: Perda de pacotes por sobrecarga da rede ou do host

STUDIOD21 SMART TECH CONTENT

analisado.

Solução: Reduzir o nível de agressividade para -T3 ou -T4, permitir intervalos maiores entre pacotes.

Erro: Detecção de IDS ao usar --scanflags.
Causa: Assinatura da varredura ainda é identificada por sistemas de monitoramento.
Solução: Combinar múltiplas técnicas (fragmentação, TTL, alteração de ordem de portas) e utilizar --data-length para randomizar payloads:

bash

nmap --data-length 25 -sS 192.168.0.1

Erro: Nmap demora excessivamente para concluir varreduras lentas.
Causa: Timing configurado com -T0 ou -T1, adequado apenas para redes muito sensíveis.
Solução: Ajustar progressivamente o timing até encontrar o equilíbrio ideal entre velocidade e discrição.

Boas Práticas

- Sempre validar a política de uso do Nmap na rede-alvo. Técnicas de evasão são úteis em auditorias autorizadas, mas jamais devem ser utilizadas em redes de terceiros sem permissão formal.

- Documentar todas as alterações de parâmetros. Ao ajustar o timing ou a estrutura dos pacotes, é essencial registrar os comandos utilizados, facilitando a reprodução e a auditoria dos resultados.

- Testar em ambientes isolados. Técnicas como fragmentação, TTL limitado ou flags personalizadas devem ser experimentadas em redes de laboratório antes de sua aplicação prática.

- Cruzar dados obtidos com outras ferramentas, como Wireshark ou tcpdump, para observar o comportamento real dos pacotes na rede e garantir que a configuração está sendo aplicada como esperado.

- Evitar varreduras excessivamente agressivas, mesmo em redes internas, quando há risco de afetar o desempenho de sistemas críticos ou disparar mecanismos de resposta automatizados.

Resumo Estratégico

As técnicas de evasão e controle de timing são ferramentas poderosas nas mãos de profissionais qualificados. Elas permitem adaptar o comportamento do Nmap a diversos cenários, desde ambientes corporativos monitorados até redes industriais protegidas por dispositivos especializados. Ao dominar o uso de fragmentação, obfuscação de pacotes, tuning de cadência e manipulação de cabeçalhos, o analista ganha a capacidade de operar com precisão mesmo sob restrições.

Mais do que burlar defesas, essas estratégias permitem avaliar a eficácia dos mecanismos de detecção e resposta implantados. Ao testar como firewalls, IDS e filtros reagem a variações sutis no tráfego, é possível ajustar a postura de segurança e corrigir falhas de configuração. Com método, ética e responsabilidade, o uso avançado do Nmap se torna não apenas uma ferramenta de análise, mas um instrumento de fortalecimento da segurança e maturidade técnica de toda a infraestrutura de rede.

CAPÍTULO 8. DESAFIOS EM GRANDES AMBIENTES E DISTRIBUIÇÃO DE CARGA

À medida que a complexidade e a escala das redes corporativas aumentam, realizar varreduras eficientes com o Nmap deixa de ser uma tarefa simples e passa a exigir planejamento estratégico, automação e controle rigoroso sobre a distribuição de carga. Redes que envolvem múltiplas sub-redes, faixas de IPs distintas, segmentações por VLANs ou ambientes híbridos (físico, virtual e nuvem) impõem desafios específicos para a coleta e análise de dados. Sem uma estrutura adequada, varreduras em grande escala podem se tornar demoradas, inconsistentes ou até prejudiciais à estabilidade dos sistemas monitorados.

O Nmap, quando utilizado com inteligência técnica, permite conduzir varreduras em larga escala com precisão e previsibilidade. Para isso, é necessário compreender os mecanismos de paralelismo disponíveis, as limitações práticas de tempo e largura de banda, bem como as possibilidades de particionamento e automação de tarefas. É nesse cenário que se destacam estratégias como uso de arquivos de alvos, scripts para orquestração paralela, distribuição manual de blocos IP e integração com pipelines de análise.

Panorama Geral de Escopo Amplo

Em ambientes pequenos, varrer uma faixa de IPs com 254 endereços é uma atividade simples e rápida. Já em redes com milhares de dispositivos, a abordagem precisa ser diferente. Grandes ambientes corporativos normalmente apresentam:

- Segmentação por sub-redes distribuídas em diferentes datacenters

- Roteamento interno com filtros de tráfego

- Equipamentos com respostas lentas ou protegidos por IDS/IPS

- Conexões intercontinentais com alta latência

- Balanceadores de carga e firewalls que alteram o tráfego de resposta

Nesses casos, uma varredura linear e sequencial se torna impraticável. É necessário dividir o escopo em blocos gerenciáveis, executar as tarefas de forma distribuída e consolidar os resultados em um repositório centralizado. A eficiência da operação depende da coordenação dessas etapas e da capacidade de o Nmap lidar com múltiplos hosts e portas simultaneamente sem perder desempenho ou acurácia.

O primeiro ponto crítico é o particionamento do escopo. Isso pode ser feito utilizando arquivos de entrada com alvos definidos:

bash

```
nmap -iL alvos.txt
```

O arquivo alvos.txt deve conter uma lista de IPs ou faixas CIDR. Essa técnica permite agrupar alvos por região, segmento ou prioridade. A separação lógica dos alvos melhora a gestão do tempo de execução e facilita a alocação de recursos computacionais.

Varredura Otimizada com Paralelismo Controlado

63

STUDIOD21 SMART TECH CONTENT

Para grandes quantidades de hosts, o Nmap disponibiliza parâmetros para ajustar o número de alvos escaneados em paralelo (--min-hostgroup e --max-hostgroup), bem como o número de portas verificadas simultaneamente (--min-parallelism e --max-parallelism):

bash

```
nmap -iL alvos.txt --min-hostgroup 50 --max-parallelism 100 -T4 -sS
```

Os ajustes permitem que a ferramenta opere de forma eficiente, aproveitando o poder de processamento disponível sem sobrecarregar a rede ou os sistemas monitorados. É essencial testar diferentes combinações desses parâmetros para encontrar o equilíbrio ideal, especialmente em redes com variações de latência e estabilidade.

Além disso, o uso de --host-timeout define o tempo máximo de análise por host, evitando que dispositivos lentos bloqueiem toda a operação:

bash

```
nmap --host-timeout 5m -iL alvos.txt -sS -p 1-1000
```

A distribuição dos blocos de IPs entre diferentes instâncias do Nmap também pode ser feita manualmente, criando múltiplos arquivos de entrada e executando os comandos em paralelo, seja localmente ou em diferentes máquinas de um cluster. Essa estratégia exige uma coordenação adequada e o uso de scripts para garantir que não haja sobreposição de alvos.

Automação com Scripts Shell e Orquestração por Lotes

A execução de tarefas em larga escala frequentemente envolve automação com scripts de shell. Um modelo básico de distribuição por lote pode ser estruturado da seguinte forma:

bash

```
#!/bin/bash

for subnet in $(cat blocos.txt); do
  nmap -sS -p 1-1000 -T4 --open -oN scan-$subnet.txt $subnet &
done

wait
```

O script lê um arquivo com sub-redes (blocos.txt), executa uma varredura para cada uma delas em paralelo e aguarda a conclusão de todas. O uso do operador & coloca cada execução em segundo plano, e o wait garante que o script aguarde a finalização de todas antes de prosseguir.

Para ambientes mais avançados, a orquestração pode ser feita com ferramentas como GNU Parallel, Ansible ou até mesmo agendadores de tarefas em clusters, como cronjobs em sistemas distribuídos. O objetivo é maximizar o uso de recursos computacionais e reduzir o tempo total da operação.

Outra abordagem útil é a combinação com scripts em Python que fazem a leitura de arquivos XML gerados pelo Nmap e consolidam os resultados. A biblioteca libnmap permite interpretar a saída XML e extrair dados como IPs ativos, portas abertas e banners:

python

```python
from libnmap.parser import NmapParser

report = NmapParser.parse_fromfile("resultado.xml")
for host in report.hosts:
    if host.is_up():
        print(f"{host.address} está ativo")
        for serv in host.services:
            print(f" Porta {serv.port}: {serv.service} -
```

{serv.banner}")

Esse tipo de automação permite não apenas interpretar os dados, mas também integrá-los a sistemas de monitoramento, dashboards e fluxos de resposta.

Coleta e Consolidação dos Dados para Análise Posterior

Em grandes ambientes, a coleta de dados é apenas a primeira parte do trabalho. Após a varredura, é necessário consolidar os resultados e transformá-los em insights acionáveis. O Nmap suporta diversos formatos de saída:

- -oN: formato normal, legível

- -oG: formato grepable

- -oX: formato XML

- -oJ: formato JSON

A escolha do formato depende do fluxo de trabalho adotado. Em pipelines de análise, o formato XML ou JSON é o mais indicado, pois permite parsing estruturado por scripts e integração com bancos de dados. Uma prática recomendada é utilizar o --append-output para gerar logs contínuos:

bash

```
nmap -sS -p 1-1000 -oX resultados.xml --append-output -iL alvos.txt
```

Para ambientes com requisitos de rastreabilidade, a indexação dos resultados em ferramentas como Splunk, ELK Stack ou Graylog é altamente recomendada. Esses sistemas permitem buscas rápidas, geração de alertas e relatórios dinâmicos com base nos dados coletados.

Também é possível importar os resultados para ferramentas como Metasploit ou Nessus, utilizando o XML como fonte primária. Isso permite estender a análise para identificação de vulnerabilidades específicas ou modelagem de ataques simulados.

Erros Comuns e Como Corrigi-los

Erro: Varredura nunca termina em sub-redes com muitos dispositivos.
Causa: Ausência de controle de tempo e paralelismo.
Solução: Utilizar --host-timeout, ajustar --min-hostgroup e -T.

Erro: Dados incompletos em arquivos de saída.
Causa: Execuções paralelas sobrescrevendo arquivos ou encerramento precoce.
Solução: Nomear arquivos por sub-rede ou data, usar redirecionamento correto e monitorar processos com ps.

Erro: Perda de conectividade durante varredura massiva.
Causa: Saturação de banda ou limitação de switches/firewalls.
Solução: Reduzir intensidade da varredura, distribuir entre horários ociosos, usar -T3.

Erro: Consolidação de dados com falhas ou duplicidade.
Causa: Scripts de parsing mal estruturados ou dados corrompidos.
Solução: Validar XMLs, utilizar bibliotecas confiáveis e realizar testes com conjuntos reduzidos antes da análise completa.

Boas Práticas

- Dividir o escopo em sub-redes bem definidas, com base na estrutura lógica da rede.

- Executar varreduras em horários com menor carga, evitando interferência com usuários ou sistemas críticos.

- Registrar logs detalhados com data, hora, parâmetros e

arquivos de saída.

- Testar a estratégia de distribuição com pequenos blocos antes de escanear grandes volumes.

- Utilizar scripts para coordenar execuções, monitorar erros e garantir a completude dos resultados.

Resumo Estratégico

A realização de varreduras em ambientes de grande escala exige não apenas conhecimento técnico da ferramenta, mas também capacidade de planejamento, organização e automação. O Nmap, por sua natureza modular e adaptável, se destaca como uma das poucas ferramentas capazes de operar com precisão tanto em pequenas redes locais quanto em estruturas distribuídas com milhares de dispositivos.

Ao dominar técnicas de paralelismo, controle de tempo, automação e consolidação de resultados, o analista consegue transformar a complexidade da rede em dados acessíveis e úteis. O conhecimento extraído dessas varreduras se traduz diretamente em ações estratégicas, mitigação de riscos e fortalecimento da postura de segurança da organização.

Com o avanço da transformação digital e a expansão contínua das superfícies de ataque, ser capaz de mapear, organizar e interpretar grandes volumes de informações técnicas deixa de ser diferencial e passa a ser requisito essencial para qualquer profissional que atua na fronteira entre infraestrutura, segurança e operações de rede.

CAPÍTULO 9. ANÁLISE DE SERVIÇOS E PROTOCOLOS COMPLEXOS

O diagnóstico preciso de serviços expostos em uma rede vai além da simples detecção de portas abertas. Em muitos casos, identificar corretamente os protocolos utilizados, as versões em execução e seus comportamentos específicos é o ponto de partida para detectar falhas, validar configurações e prevenir incidentes de segurança. Protocolos complexos, como SMTP, SNMP, FTP, SSH e HTTP, possuem características próprias que exigem abordagens detalhadas na varredura. O Nmap, ao incorporar mecanismos de inspeção profunda, detecção de versão e análise comportamental, se torna uma ferramenta poderosa para compreender como esses serviços estão operando e se apresentam ao mundo externo.

Ao utilizar parâmetros como -sV, --script, --version-intensity, entre outros, o Nmap consegue extrair banners, negociar protocolos, testar respostas a comandos padrão e até mesmo simular comportamentos esperados por aplicações legítimas. Isso permite que o analista técnico interprete os metadados oferecidos por esses serviços, identifique padrões suspeitos, reconheça softwares desatualizados e construa uma base sólida para ações futuras — sejam elas corretivas, preventivas ou exploratórias.

Panorama Geral dos Protocolos de Alta Complexidade

Os serviços abordados neste módulo são amplamente utilizados em redes corporativas, data centers e ambientes de nuvem. Cada um deles possui peculiaridades que influenciam diretamente na forma como devem ser analisados:

- **SMTP** (Simple Mail Transfer Protocol): usado para envio de e-mails, pode expor servidores mal configurados ao abuso por spammers e ataques de relay.

- **SNMP** (Simple Network Management Protocol): responsável por monitoramento e gestão de dispositivos, é sensível à exposição pública e ao uso de comunidades fracas.

- **FTP** (File Transfer Protocol): protocolo clássico de transferência de arquivos, muitas vezes mantido ativo por legado e sujeito a ataques por força bruta e vazamento de dados.

- **SSH** (Secure Shell): ponto crítico de administração remota, frequentemente exposto à internet com credenciais frágeis ou sem autenticação multifator.

- **HTTP** (Hypertext Transfer Protocol): protocolo base de aplicações web, carrega informações valiosas nos headers, banners, páginas de erro e redirecionamentos.

Cada um desses protocolos pode ser detectado, inspecionado e interpretado de forma automatizada pelo Nmap. Para isso, é necessário ajustar os parâmetros corretos e compreender as técnicas utilizadas para inferência de versão, leitura de banner, execução de scripts NSE específicos e análise de respostas do servidor.

Detecção Profunda com -sV e Version Intensity

A base de toda análise é a correta identificação da versão dos serviços. O parâmetro -sV permite que o Nmap interaja com as portas abertas, coletando informações de versão por meio de banners, respostas a comandos e padrões de protocolo:

bash

```
nmap -sV -p 21,22,25,80,161 192.168.0.10
```

Assim, ativa-se a detecção de versão nas portas FTP, SSH, SMTP, HTTP e SNMP. O Nmap tenta negociar o protocolo, identificar mensagens de boas-vindas, respostas padrão e características que apontem para o software em uso.

O nível de agressividade da detecção pode ser ajustado com --version-intensity, que varia de 0 a 9. Quanto maior a intensidade, mais testes são realizados para tentar obter uma resposta conclusiva:

bash

```
nmap -sV --version-intensity 9 -p 25 192.168.0.10
```

Essa abordagem é útil para servidores que tentam esconder informações ou respondem com dados ambíguos. A versão completa de um servidor SMTP, por exemplo, pode ser revelada apenas após um comando EHLO ou HELO, que o Nmap simula durante a varredura.

Inspeção Específica de Serviços com Scripts NSE

A Scripting Engine do Nmap oferece scripts específicos para cada um dos protocolos discutidos. Eles permitem extrair informações adicionais, testar comportamentos e identificar vulnerabilidades conhecidas.

- **SMTP:**

bash

```
nmap -p 25 --script=smtp-commands,smtp-open-relay,smtp-enum-users 192.168.0.10
```

Os scripts verificam quais comandos o servidor aceita, testam se ele permite envio de e-mails sem autenticação e tentam enumerar usuários válidos com base em respostas SMTP padronizadas.

- **SNMP**:

bash

```
nmap -sU -p 161 --script=snmp-info,snmp-brute 192.168.0.10
```

O comando testa a resposta ao SNMP na porta UDP 161, tenta extrair informações de gerenciamento (como nome do host, descrição do sistema, uptime, interfaces de rede) e pode testar combinações de comunidades conhecidas para acesso não autorizado.

- **FTP**:

bash

```
nmap -p 21 --script=ftp-anon,ftp-bounce,ftp-syst 192.168.0.10
```

O script ftp-anon verifica se o login anônimo está habilitado, ftp-bounce testa se é possível redirecionar conexões para outros hosts (técnica de ataque conhecida como FTP Bounce), e ftp-syst revela o sistema operacional base reportado pelo comando SYST.

- **SSH**:

bash

```
nmap -p 22 --script=ssh-hostkey,ssh-auth-methods
192.168.0.10
```

Já, o script ssh-hostkey coleta as chaves públicas disponibilizadas pelo servidor e pode ser utilizado para fingerprinting de sistemas. Já ssh-auth-methods mostra quais métodos de autenticação estão habilitados (senha, chave pública, keyboard-interactive).

- **HTTP:**

bash

```
nmap -p 80,443 --script=http-headers,http-title,http-enum,http-server-header 192.168.0.10
```

Tais scripts permitem extrair cabeçalhos HTTP, coletar o título das páginas, enumerar diretórios comuns e verificar a versão do servidor web. O script http-server-header é particularmente útil para detectar servidores obsoletos ou mal configurados.

Detecção de SSL/TLS e Comportamento HTTPS

Ao interagir com serviços HTTPS ou qualquer outro protocolo que utilize SSL/TLS (como SMTPS, FTPS, LDAPS), o Nmap pode detectar a versão do protocolo de segurança utilizada, os certificados digitais apresentados e os algoritmos de criptografia suportados.

O script ssl-cert é o ponto de partida para análise de certificados:

bash

```
nmap -p 443 --script=ssl-cert 192.168.0.10
```

Esse comando exibe informações como:

- Nome comum (CN)

- Organização

73

- Período de validade

- Algoritmo de assinatura

- Autoridade certificadora (CA)

Para testes mais profundos, pode-se usar ssl-enum-ciphers, que realiza uma análise completa das cifras aceitas, detectando suportes a SSLv2, SSLv3, TLS 1.0, 1.1, 1.2 e 1.3:

bash

```
nmap -p 443 --script=ssl-enum-ciphers 192.168.0.10
```

Tal tipo de inspeção é indispensável em auditorias de conformidade (como PCI-DSS) e para avaliação da robustez da criptografia de dados sensíveis em trânsito.

Análise de HEAD, Redirecionamentos e Headers HTTP

Em servidores web, muitos dados úteis estão disponíveis sem sequer carregar a página. Ao enviar requisições do tipo HEAD, é possível extrair apenas os cabeçalhos HTTP, que revelam:

- O servidor em uso (Apache, Nginx, IIS)

- Diretivas de cache

- Política de segurança (CSP, HSTS)

- Suporte a redirecionamento (301, 302)

O Nmap simula essas requisições e as analisa por meio de scripts ou com a detecção -sV. Quando combinado com http-methods, pode-se identificar quais métodos estão habilitados (GET, POST, PUT, DELETE), revelando potenciais riscos em APIs ou aplicações mal protegidas:

bash

nmap -p 80 --script=http-methods 192.168.0.10

O resultado permite verificar se há suporte indevido a métodos perigosos, como PUT e DELETE, que podem ser utilizados para upload ou remoção de arquivos em sistemas vulneráveis.

Erros Comuns e Como Corrigi-los

Erro: O Nmap não consegue identificar a versão do serviço.
Causa: O serviço oculta banners ou responde de forma ambígua.
Solução: Utilizar --version-intensity 9 e validar manualmente com ferramentas como telnet, curl ou netcat.

Erro: Scripts NSE não retornam resultados.
Causa: Porta incorreta, ausência de resposta ou ausência de triggers no protocolo.
Solução: Confirmar a funcionalidade do serviço, validar conectividade e ajustar portas e parâmetros.

Erro: Detecção de HTTP aponta servidor genérico sem versão.
Causa: Proxies reversos, WAFs ou headers customizados.
Solução: Usar http-enum, http-title e análise direta com navegadores para confirmação.

Erro: Scripts SSL retornam falhas ou respostas truncadas.
Causa: Serviços com configurações específicas de handshake ou portas não padrão.
Solução: Garantir que a porta esteja correta (como 465 para SMTPS) e utilizar --script-args quando necessário.

Boas Práticas

- Sempre combinar detecção de versão com scripts NSE específicos, maximizando o volume e a qualidade das informações coletadas.

- Documentar manualmente as versões identificadas, correlacionando-as com bancos de dados de vulnerabilidades (como CVE, NVD, Exploit-DB).

- Priorizar análise de serviços críticos como SSH, SMTP e HTTP, que representam a maioria das superfícies de ataque.

- Monitorar alterações nos banners ao longo do tempo como parte de uma política contínua de segurança.

- Evitar análises excessivamente agressivas em serviços de produção sensíveis, utilizando sempre --script-args safe=1 quando disponível.

Resumo Estratégico

A análise de serviços e protocolos complexos com o Nmap exige mais do que a simples execução de comandos. Exige discernimento técnico, conhecimento sobre o comportamento esperado de cada protocolo e aplicação técnica das ferramentas que permitem extrair informações valiosas de forma não intrusiva. Ao compreender como serviços como SMTP, SNMP, FTP, SSH e HTTP se manifestam, o profissional adquire uma vantagem decisiva na interpretação da superfície exposta por uma rede.

O Nmap, com sua engine de scripts, seus mecanismos de detecção refinada e sua capacidade de integrar resultados com fontes externas, se consolida como ferramenta de primeira linha para análise de serviços. A aplicação dessas técnicas permite elevar o padrão de qualquer auditoria técnica, sustentando diagnósticos precisos, relatórios consistentes e decisões informadas no campo da segurança e da infraestrutura.

CAPÍTULO 10. DETECÇÃO DE VULNERABILIDADES INTEGRADA

A identificação automatizada de vulnerabilidades representa uma das etapas mais críticas dentro do ciclo de avaliação de segurança de uma infraestrutura. Ela permite detectar falhas conhecidas, exposições configuracionais, softwares desatualizados ou pontos frágeis na autenticação de serviços. O Nmap, ao incorporar sua NSE (Nmap Scripting Engine), evoluiu para além da varredura de portas e serviços, oferecendo uma poderosa plataforma para a execução de scripts especializados que visam diretamente à detecção de vulnerabilidades.

A grande vantagem dessa prática está na sua integração nativa com os processos de varredura. Em um único fluxo, o Nmap pode identificar os hosts ativos, mapear as portas abertas, detectar os serviços em execução, inferir sistemas operacionais e aplicar uma série de scripts voltados para a identificação de falhas conhecidas — incluindo aquelas catalogadas em bancos de dados públicos como CVEs (Common Vulnerabilities and Exposures). A detecção é feita de forma ativa, controlada e, quando bem configurada, com riscos mínimos de interferência em sistemas de produção.

Panorama Geral da Detecção de Vulnerabilidades via Nmap

Os scripts de vulnerabilidade do Nmap são classificados principalmente dentro da categoria vuln. Eles realizam uma série de verificações contra serviços expostos, testando comportamentos específicos, banners, respostas a comandos e condições que caracterizam vulnerabilidades conhecidas. A principal diferença entre um simples script de coleta de informação e um script de detecção de falha é o foco técnico da verificação: enquanto os primeiros extraem dados, os segundos analisam logicamente se determinada falha está presente e se ela é explorável.

A NSE disponibiliza dezenas de scripts com foco em CVEs específicos, verificação de configuração incorreta e testes de força bruta em serviços como SSH, FTP, SMB e HTTP. O uso responsável desses scripts exige conhecimento técnico, autorização formal para auditoria e entendimento claro de que certos scripts são classificados como intrusivos.

Execução Direta de Scripts de Vulnerabilidade

A forma mais rápida de executar uma varredura com foco em vulnerabilidades é utilizando a categoria vuln:

bash

```
nmap --script vuln -p 21,22,80,445 192.168.0.10
```

O comando executa todos os scripts categorizados como vulnerabilidade para as portas FTP, SSH, HTTP e SMB do host alvo. Dentre os scripts que podem ser executados nesse contexto estão:

- smb-vuln-ms17-010: verifica presença da vulnerabilidade EternalBlue.

- ftp-vsftpd-backdoor: detecta backdoor conhecido em versões comprometidas do vsftpd.

- http-shellshock: testa exploração da falha CVE-2014-6271 em headers HTTP.

- sshv1: detecta se o servidor SSH ainda permite conexões pela versão 1, considerada insegura.

- ssl-poodle: testa presença da vulnerabilidade SSLv3 (CVE-2014-3566).

Ao rodar esse tipo de varredura, o Nmap interage ativamente com os serviços, enviando comandos especialmente construídos para reproduzir condições que ativam a falha. O resultado será exibido em texto simples, indicando se o host está vulnerável, não vulnerável ou se a verificação foi inconclusiva.

Análise Detalhada de Resultados e Interpretação Técnica

O resultado de scripts de detecção de vulnerabilidades precisa ser analisado com atenção. Cada saída pode conter:

- A confirmação de que a vulnerabilidade está presente, geralmente com base em uma resposta positiva específica.

- A indicação de que a vulnerabilidade não está presente, baseada em resposta negativa ou ausência de comportamento esperado.

- Uma resposta inconclusiva, normalmente por falhas na comunicação, timeout, ou modificações no serviço que impedem a verificação segura.

Um resultado afirmando que a vulnerabilidade está presente deve ser sempre validado com outros métodos, especialmente quando o ambiente possui proxies, WAFs ou serviços com banners modificados. Scripts podem gerar falsos positivos quando baseados apenas em banners ou comportamentos ambíguos.

Já as respostas inconclusivas geralmente indicam necessidade de ajustes nos parâmetros de timeout, timing ou autenticação. Em alguns casos, o script pode precisar de argumentos adicionais, como credenciais ou caminhos específicos. O uso de

--script-args **permite passar essas informações:**

bash

```
nmap --script=http-shellshock --script-args uri=/cgi-bin/
test.cgi 192.168.0.10
```

Aqui, o comando define qual URI será testada para exploração da falha Shellshock. O uso cuidadoso de argumentos é fundamental para scripts que interagem com APIs ou aplicações web.

Scripts de Força Bruta Controlada

Outra subcategoria importante são os scripts que realizam ataques de força bruta controlada. Eles testam combinações comuns de usuário e senha contra serviços como SSH, FTP, Telnet, MySQL, PostgreSQL, VNC, RDP, entre outros.

Um exemplo de varredura para SSH com brute-force:

bash

```
nmap -p 22 --script ssh-brute --script-args
userdb=users.txt,passdb=senhas.txt 192.168.0.10
```

Utiliza os arquivos users.txt e senhas.txt **para testar logins no serviço SSH do alvo. O script é inteligente o suficiente para pausar após sucesso, limitar o número de tentativas e registrar resultados de forma clara.**

Scripts de força bruta devem ser utilizados com extrema cautela. Em ambientes de produção, podem gerar bloqueios automáticos, saturar logs ou até causar negação de serviço por excesso de conexões. Recomenda-se sempre ajustar o nível de intensidade com --script-args brute.threads **e limitar o número de tentativas por usuário:**

bash

```
--script-args brute.threads=3,brute.firstonly=true
```

Os parâmetros limitam o número de threads simultâneas e interrompem o ataque após a primeira credencial válida encontrada, reduzindo o impacto e otimizando o tempo de execução.

Verificação de Configurações Incorretas

Além das falhas documentadas como CVEs, muitas exposições em redes são causadas por configurações incorretas. O Nmap possui scripts que verificam práticas inseguras, como:

- Servidores FTP com acesso anônimo habilitado.

- Serviços SNMP com comunidade pública sem restrição.

- Servidores HTTP com diretórios de listagem aberta.

- Serviços SMB sem autenticação configurada corretamente.

- Serviços que respondem com banners detalhados demais.

Um modelo de verificação combinada de más práticas:

bash

```
nmap -p 21,80,161,445 --script=ftp-anon,snmp-info,http-enum,smb-os-discovery 192.168.0.10
```

Esse conjunto de scripts permite verificar rapidamente se os principais protocolos estão configurados de forma segura. A resposta, quando bem interpretada, permite ações imediatas de correção — como desabilitar logins anônimos, restringir SNMP, remover diretórios listáveis ou limitar a exposição de banners.

Limites Éticos e Responsabilidades Técnicas

A execução de scripts NSE voltados à detecção de vulnerabilidades envolve riscos técnicos e implicações legais.

Ainda que a intenção seja auditora ou educativa, o uso de scripts intrusivos, brute-force ou que simulam exploração de falhas deve obedecer rigorosamente às seguintes práticas:

- Obtenção prévia de autorização formal, com escopo claro e acordado entre as partes.

- Execução preferencial em ambientes de homologação, laboratório ou segmentações isoladas.

- Registro completo dos parâmetros utilizados, horários e alvos varridos.

- Análise dos impactos da varredura, especialmente em serviços de produção.

Além disso, é fundamental compreender que alguns scripts realizam testes ativos que podem interferir no funcionamento dos serviços. Scripts como smb-vuln-ms08-067 e ssl-heartbleed tentam explorar a vulnerabilidade diretamente, o que pode travar serviços frágeis ou gerar logs que serão interpretados como ataques reais.

Por essas razões, o operador deve sempre classificar os scripts em níveis de intrusão — evitando aqueles mais agressivos em redes sensíveis — e executar testes progressivos, começando pelos scripts de coleta passiva, avançando gradualmente para verificações mais profundas.

Erros Comuns e Como Corrigi-los

Erro: O script não retorna resultados.
Causa: Parâmetros ausentes, porta incorreta ou serviço indisponível.
Solução: Confirmar que a porta está correta, validar conectividade e verificar se o script exige argumentos adicionais.

Erro: O resultado do script indica vulnerabilidade, mas ela já foi corrigida.

Causa: Falso positivo baseado em banner ou resposta genérica.

Solução: Validar manualmente com ferramentas específicas, confirmar versão e revisar patches aplicados.

Erro: A execução do script travou o serviço ou gerou alertas.

Causa: Uso de script intrusivo em ambiente de produção.

Solução: Replanejar varredura, utilizar ambiente de testes e priorizar scripts da categoria safe.

Erro: Resultados inconclusivos ou repetitivos.

Causa: Configuração de timing incorreta, perda de pacotes ou interferência de IDS.

Solução: Ajustar --host-timeout, --script-timeout e utilizar variações de timing com -T3.

Boas Práticas

- Sempre armazenar os resultados em formatos estruturados como XML ou JSON, permitindo parsing posterior:

bash

```
nmap -p 80,443 --script vuln -oX vulnerabilidades.xml
192.168.0.0/24
```

- Utilizar ferramentas de parsing como xsltproc, libnmap ou scripts Python para extrair e organizar os dados por severidade, tipo de falha ou impacto.

- Priorizar ações corretivas com base em exposição externa, criticidade do serviço e presença de exploits públicos.

- Atualizar periodicamente os scripts com nmap --script-updatedb, garantindo que novas vulnerabilidades sejam incluídas na base local.

- Compartilhar relatórios com equipes responsáveis com linguagem clara, evidências técnicas e recomendações práticas.

Resumo Estratégico

A detecção de vulnerabilidades integrada ao Nmap, quando realizada com competência, ética e planejamento, eleva substancialmente o nível técnico de qualquer análise de segurança. O profissional que conhece o uso correto dos scripts NSE voltados para CVEs, más práticas e força bruta está apto a mapear exposições reais com precisão, antecipar riscos e orientar ações de correção com base em dados concretos.

Mais do que listar portas abertas, essa abordagem permite entender o real estado de segurança dos serviços expostos, identificar falhas que escapam a auditorias superficiais e alinhar as práticas de rede com padrões internacionais de conformidade.

CAPÍTULO 11. USO DE FERRAMENTAS AUXILIARES E EXTENSÕES

A sofisticação do ecossistema técnico que circunda o Nmap se revela com clareza quando se explora seu potencial de integração com ferramentas auxiliares e extensões especializadas. Embora o Nmap, por si só, seja autossuficiente em tarefas de varredura, detecção de serviços e análise de vulnerabilidades, seu poder analítico pode ser amplificado ao ser articulado com instrumentos visuais, ambientes de exploração e plataformas de correlação gráfica. Tal sinergia é especialmente útil quando se lida com grandes volumes de dados, quando é necessário traduzir achados técnicos em visualizações compreensíveis ou quando se deseja estender a análise para além da superfície detectada inicialmente.

Neste panorama ampliado, destacam-se quatro protagonistas: o Zenmap, que oferece uma camada gráfica acessível ao Nmap; o Wireshark, voltado à inspeção profunda de tráfego; o Metasploit, ambiente de exploração e validação de vulnerabilidades; e o Maltego, voltado à correlação e visualização de entidades em contextos de inteligência cibernética. Cada uma dessas ferramentas possui papel específico, mas todas convergem em torno de um objetivo comum: conferir profundidade, clareza e contexto à análise de superfície que se inicia com o Nmap.

Zenmap: Interface Gráfica para Profundidade Operacional

O Zenmap é a interface gráfica oficial do Nmap, concebida para oferecer aos usuários uma alternativa visual ao uso da linha de comando. Embora não substitua a flexibilidade e a precisão dos comandos diretos, o Zenmap cumpre com elegância a função de tornar acessível a execução de varreduras complexas, especialmente em contextos didáticos, operacionais ou de apresentação executiva.

Sua interface permite que o analista defina alvos, configure perfis de varredura predefinidos (como "Varredura Intensa" ou "Varredura Ping"), visualize resultados em múltiplas abas e acompanhe a execução em tempo real. A área de destaque é o Topology View, que representa graficamente os nós detectados na rede, suas conexões e a distância relativa ao ponto de origem da varredura.

O Zenmap permite salvar resultados em arquivos .usr para reabertura posterior, bem como exportar relatórios em XML, HTML e outros formatos estruturados. Outra funcionalidade de relevância é a possibilidade de reutilizar varreduras anteriores, ajustando parâmetros progressivamente até alcançar o grau de detalhamento desejado.

Ainda que o Zenmap esteja sujeito a limitações de desempenho em redes muito extensas e careça de algumas opções avançadas presentes na CLI do Nmap, sua adoção é recomendada para:

- Apresentações visuais de achados técnicos.

- Varreduras iniciais conduzidas por analistas em formação.

- Inspeções rápidas em ambientes controlados.

Wireshark: Correlacionando
Varreduras com Captura de Pacotes

O Wireshark é uma das mais renomadas ferramentas de captura

e análise de pacotes em tempo real. Sua principal utilidade, no contexto da integração com o Nmap, reside na capacidade de observar o tráfego gerado durante uma varredura, compreender as respostas dos alvos e validar se a comunicação está ocorrendo conforme o esperado.

Ao executar o Nmap em paralelo com o Wireshark, é possível:

- Confirmar quais pacotes foram realmente enviados, em qual ordem e com quais parâmetros.

- Observar como os dispositivos alvo estão respondendo às tentativas de conexão.

- Identificar interferências de firewalls, NATs ou dispositivos de inspeção profunda de pacotes.

Um fluxo clássico consiste em iniciar a captura com filtro por protocolo TCP, UDP ou ICMP, realizar a varredura e, ao final, aplicar filtros como ip.addr == 192.168.0.10 ou tcp.port == 22 para concentrar a análise nos elementos de interesse. A decodificação das trocas e a exibição de detalhes como flags TCP, TTL, checksums e tempo de resposta permitem ao analista interpretar o comportamento da rede de forma precisa.

Em especial, a observação de pacotes fragmentados, técnicas stealth (-sS) ou scripts NSE pode ser correlacionada visualmente para entender como as varreduras estão sendo percebidas pelos dispositivos e se há alterações impostas por sistemas intermediários.

Metasploit: Validação Prática das Superfícies Encontradas

O Metasploit Framework é amplamente reconhecido como o ambiente padrão para desenvolvimento e execução de exploits. Ao ser integrado ao Nmap, assume o papel de validador prático: transforma a detecção de vulnerabilidades em ações testáveis, controladas e documentadas. Seu módulo de importação permite absorver arquivos XML gerados pelo Nmap:

bash

```
db_import /caminho/resultado.xml
```

Uma vez importados, os hosts, serviços e versões detectadas ficam disponíveis para navegação e seleção dentro da base de dados interna do Metasploit. Isso possibilita:

- A vinculação direta de exploits conhecidos a serviços expostos.

- A execução de módulos auxiliares para enumeração complementar.

- A simulação de exploração controlada, visando à verificação de impactos e geração de evidências técnicas.

A principal vantagem dessa integração é garantir que os achados da varredura sejam tecnicamente válidos, isto é, que o serviço detectado não apenas existe, mas é de fato explorável sob determinada condição. Isso reduz falsos positivos e aumenta a confiabilidade de relatórios de risco.

Em auditorias autorizadas, a utilização do Metasploit como extensão do Nmap deve ser realizada com critério, respeito às fronteiras éticas e controle rigoroso dos módulos executados. Sua função é validar, e não comprometer.

Maltego: Visualização e Enriquecimento com Inteligência de Contexto

O Maltego é uma plataforma de análise de relações que oferece visualização em grafos e transformação de dados em contexto. Sua aplicação se revela valiosa quando os resultados do Nmap são utilizados como ponto de partida para investigações mais amplas — especialmente em processos de OSINT (Open Source Intelligence), threat hunting e correlação de entidades.

Ao importar alvos detectados pelo Nmap (IPs, domínios, serviços), o analista pode aplicar transformações que:

- Revelam relações entre IPs e domínios públicos.

- Identificam ASN, localizações geográficas e provedores de serviço.

- Correlacionam alvos com campanhas de ameaças conhecidas, utilizando feeds externos como VirusTotal, Shodan, Censys, e bases MISP.

Com isso, é possível construir grafos que conectam ativos visíveis com entidades externas, permitindo avaliar se determinada exposição detectada pelo Nmap já está sendo monitorada por atores externos ou aparece em bases de dados de incidentes.

Embora o Maltego não execute varreduras diretamente, sua capacidade de transformar dados simples em inteligência visual faz dele uma extensão natural para os resultados do Nmap, especialmente em atividades de contrainteligência e monitoramento contínuo.

Erros Comuns na Transferência e Interpretação de Dados

Erro: Arquivo XML do Nmap não pode ser importado no Metasploit.
Causa: Formato incorreto, arquivo incompleto ou erro de codificação.
Solução: Validar geração com -oX, garantir que a execução foi concluída com sucesso e utilizar UTF-8 sem caracteres especiais.

Erro: Resultados não são exibidos corretamente no Zenmap.
Causa: Incompatibilidade de versão ou execução com privilégios insuficientes.

Solução: Executar o Zenmap como superusuário, atualizar a versão do Nmap e validar se os perfis de varredura estão configurados corretamente.

Erro: O Wireshark não captura pacotes durante a varredura.
Causa: Interface incorreta selecionada ou filtros mal configurados.
Solução: Verificar qual interface de rede está em uso, ajustar permissões de captura e iniciar com filtros mínimos, expandindo conforme necessário.

Erro: O Maltego retorna "sem transformações disponíveis" para alvos importados.
Causa: Conexão com servidores de transformação inativa ou transformações não instaladas.
Solução: Validar conectividade, instalar transformações relevantes e autenticar-se em provedores integrados.

Boas Práticas

- Sempre documentar as ferramentas utilizadas, os parâmetros aplicados e os caminhos dos arquivos de saída e entrada entre as plataformas.

- Priorizar formatos estruturados como XML e JSON para transferência de dados entre ambientes.

- Validar a integridade dos arquivos antes da importação, especialmente em varreduras extensas.

- Utilizar nomenclatura consistente para hosts e sub-redes, facilitando a organização e visualização nos grafos e bancos de dados.

- Estabelecer uma rotina de revisão dos achados, reexecutando varreduras quando houver atualizações significativas nos serviços, scripts ou feeds de inteligência.

Resumo Estratégico

A integração do Nmap com ferramentas auxiliares e plataformas de extensão eleva a análise técnica a um patamar mais amplo, no qual a simples varredura de portas se transforma em uma investigação rica, estruturada e tecnicamente fundamentada. Cada ferramenta aqui explorada — Zenmap, Wireshark, Metasploit e Maltego — adiciona uma camada de valor: seja na apresentação visual, na inspeção profunda de tráfego, na validação prática de vulnerabilidades ou na correlação contextual com ameaças externas.

Ao articular essas ferramentas com clareza de propósito, o profissional de segurança amplia significativamente sua capacidade de interpretação, resposta e tomada de decisão. O conhecimento metódico dessas integrações não é apenas desejável — é imprescindível para quem deseja operar com excelência técnica em ambientes cada vez mais complexos e exigentes. A precisão começa na varredura, mas a inteligência floresce na análise conectada.

CAPÍTULO 12. NMAP EM AMBIENTES WINDOWS E MISTAS

A operação do Nmap em ambientes predominantemente Windows ou compostos por arquiteturas mistas (Windows, Linux, macOS, redes embarcadas e ativos de IoT) impõe desafios técnicos que transcendem os aspectos básicos da ferramenta. Ao contrário das execuções realizadas em sistemas baseados em Unix, onde a integração com o kernel e a manipulação de pacotes ocorre de forma direta e eficiente, o uso do Nmap em máquinas Windows envolve adaptações, limitações estruturais e a necessidade de compreender como o sistema operacional lida com redes, privilégios e firewalls internos. Além disso, em redes corporativas mistas, a coexistência de dispositivos com diferentes protocolos, padrões de segurança e políticas administrativas exige uma abordagem refinada, criteriosa e altamente controlada para evitar ruídos operacionais ou interpretações equivocadas.

Compreender essas nuances é essencial para garantir que as varreduras sejam tecnicamente válidas, eticamente responsáveis e operacionalmente seguras. O Nmap mantém sua eficácia em ambientes Windows e híbridos, desde que o analista domine os ajustes necessários, conheça os pontos de atenção e respeite os limites impostos pela arquitetura do sistema e pelas diretrizes da organização.

Considerações Técnicas na Instalação em Windows

Nmap está disponível para Windows em versões de instalação que incluem binários nativos e, opcionalmente, o Zenmap. A instalação pode ser realizada diretamente pelo instalador oficial ou por meio de gerenciadores de pacotes como o Chocolatey:

powershell

```
choco install nmap
```

Durante a instalação, é recomendável permitir a adição do Nmap ao PATH do sistema, para que os comandos possam ser executados a partir de qualquer terminal. No entanto, o aspecto mais relevante para o bom funcionamento da ferramenta no Windows está relacionado à permissão de acesso a pacotes brutos (raw sockets), recurso fundamental para varreduras como -sS, -O e outras que exigem controle direto do protocolo IP.

Ao contrário dos sistemas Unix, o Windows impõe restrições à manipulação de pacotes raw a partir da versão XP SP2. Isso significa que, salvo em instalações altamente customizadas, comandos que exigem envio de pacotes sem intermediários não funcionarão corretamente no Windows — ou serão automaticamente convertidos para modos alternativos, como a varredura -sT (TCP connect), que utiliza as chamadas da API do sistema para estabelecer conexões completas.

Diferenças de Comportamento e Compatibilidade

A principal diferença entre a execução do Nmap no Windows e no Linux está no modo como os pacotes são gerados, enviados e interpretados. No Windows, as varreduras do tipo -sS (SYN Stealth), -sU (UDP) e -O (detecção de sistema operacional) tendem a falhar ou a gerar resultados incompletos quando executadas sem privilégios elevados.

Para contornar essas limitações, é necessário executar o terminal como Administrador, o que permite acesso mais profundo às camadas de rede. Ainda assim, algumas funções específicas podem ser comprometidas ou apresentar comportamento inconsistente, especialmente em máquinas que utilizam:

- Firewalls do Windows com configurações rígidas.

- Antivírus que monitoram o tráfego de rede (EPP/EDR).

- Interfaces virtuais de VPN ou adaptadores de rede múltiplos.

- Regras de grupo (GPO) que desativam respostas ICMP ou bloqueiam conexões não solicitadas.

Além disso, a interface gráfica Zenmap, quando utilizada no Windows, frequentemente herda essas mesmas restrições, e pode apresentar falhas silenciosas em scripts NSE, varreduras avançadas ou tentativas de detecção de sistema operacional.

Ajustes Recomendados e Modos Compatíveis

Em virtude das limitações de pacotes raw, a melhor prática ao utilizar o Nmap em ambientes Windows é adotar os modos compatíveis com a pilha TCP/IP do próprio sistema. A varredura -sT (TCP connect) é a mais estável:

powershell

```
nmap -sT -p 80,443 192.168.0.10
```

O comando realiza conexões completas com as portas indicadas, utilizando a própria API do Windows para abrir e fechar sockets. Embora seja mais visível para firewalls e logs de sistema, sua execução é garantida mesmo em ambientes com restrições.

Para varreduras UDP, o ideal é limitar o escopo e utilizar o modo -sU em conjunto com --unprivileged, que evita a necessidade de privilégios elevados, embora possa reduzir a precisão:

powershell

```
nmap -sU -p 161,123 192.168.0.10
```

Em detecção de serviços (-sV) e scripts NSE (--script), a compatibilidade depende do tipo de varredura utilizada. Scripts de coleta de informações (safe) são mais estáveis, enquanto scripts de detecção de vulnerabilidades podem ser bloqueados por soluções de segurança ou falhar por restrições no envio de pacotes.

Para maximizar a compatibilidade, recomenda-se:

- Utilizar --disable-arp-ping em redes com controle ARP.

- Incluir --max-retries 2 e --host-timeout 1m para evitar lentidão.

- Evitar -O ou substituí-lo por ferramentas complementares em sistemas Windows.

Interação com Firewalls e Defesas Nativas

O Windows Defender Firewall, ativo por padrão em todas as versões modernas do Windows, interfere diretamente no tráfego gerado ou recebido durante varreduras. Ele pode bloquear pacotes de resposta ICMP, conexões não solicitadas em portas aleatórias e até impedir a execução de scripts NSE mais agressivos.

Alguns comportamentos típicos observados durante a execução do Nmap em redes com o firewall do Windows ativado incluem:

- Todos os hosts aparecem como "host down", mesmo estando ativos.

- As portas são classificadas como "filtered" mesmo quando estão abertas.

- Scripts NSE retornam mensagens de erro ou "no response".

Para mitigar esses efeitos, é possível:

- Desativar temporariamente o firewall (com autorização e consciência dos riscos).

- Ajustar regras específicas para permitir o tráfego de saída/entrada nas portas utilizadas.

- Executar varreduras internas com -Pn (desativa a detecção de host vivo por ICMP), forçando o Nmap a prosseguir com a varredura mesmo sem resposta prévia:

powershell

```
nmap -Pn -sT -p 80,443 192.168.0.10
```

É importante ressaltar que o uso de -Pn em redes extensas pode tornar a varredura mais demorada, pois todos os IPs serão tratados como ativos.

Boas Práticas em Redes Corporativas Mistas

Em ambientes onde coexistem sistemas Windows, Linux, switches gerenciáveis, impressoras em rede, dispositivos embarcados e appliances proprietários, a execução do Nmap deve considerar:

- A diversidade dos stacks TCP/IP utilizados.

- A existência de VLANs ou segmentações físicas que bloqueiam broadcast.

- Políticas de acesso remoto, especialmente em sistemas Windows com RDP ou SMB expostos.

- A presença de sistemas que não respondem a ICMP por design.

Nessas redes, é comum que algumas máquinas sejam completamente invisíveis a varreduras padrão, mesmo estando conectadas e ativas. Para superar isso, é necessário adotar múltiplas técnicas de descoberta, como:

- Utilizar -sn para varredura ping combinada com ARP.

- Alternar entre -sT e -sU para portas TCP e UDP.

- Executar varreduras específicas por tipo de dispositivo (como impressoras SNMP ou câmeras IP HTTP).

Além disso, redes mistas frequentemente possuem firewalls internos ou ACLs que respondem de forma seletiva conforme o tipo de pacote. Um mesmo host pode aceitar conexões HTTP de um segmento, mas bloquear ICMP, FTP ou SSH. Nesses casos, o uso de scripts NSE direcionados, como http-title, ftp-anon ou snmp-info, permite verificar a resposta individual de cada serviço:

powershell

```
nmap -p 21,80,161 --script=ftp-anon,http-title,snmp-info
192.168.0.10
```

Erros Comuns e Soluções Práticas

Erro: "Raw socket operation not permitted" no Windows.
Causa: Tentativa de usar varredura -sS ou -O sem privilégios.
Solução: Executar terminal como Administrador, ou utilizar -sT.

Erro: Host aparece como inativo apesar de estar ligado.
Causa: Bloqueio de ping ICMP ou firewall.
Solução: Utilizar -Pn para forçar a varredura do host.

Erro: Scripts NSE falham com "no response".
Causa: Interferência de antivírus ou firewall de aplicação.
Solução: Ajustar regras ou desativar temporariamente soluções de segurança, com devida autorização.

Erro: Resultados inconsistentes entre Windows e Linux.
Causa: Diferenças na pilha de rede e permissões do sistema.
Solução: Executar varreduras equivalentes em ambos os sistemas para comparar resultados e ajustar configurações.

Boas Práticas

- Realizar varreduras fora do horário de pico, evitando impacto em serviços sensíveis.

- Documentar os modos utilizados (-sT, -Pn, --script) e os parâmetros de timing.

- Validar a presença de firewalls locais e configurar exceções de teste conforme necessário.

- Coletar logs do Windows Event Viewer em paralelo à varredura para análise de comportamento.

- Estabelecer políticas claras sobre permissões, escopo e registros de varredura.

Resumo Estratégico

A aplicação do Nmap em ambientes Windows e redes heterogêneas exige uma postura técnica que vai além da repetição de comandos. É necessário compreender a arquitetura do sistema, as limitações impostas por cada camada e os mecanismos internos de segurança que podem alterar significativamente os resultados. Ao adaptar os modos de varredura, utilizar parâmetros compatíveis e respeitar as boas práticas operacionais, o profissional transforma limitações em oportunidade de refinamento técnico.

Em um cenário corporativo moderno, onde convivem soluções legadas, nuvem híbrida, equipamentos embarcados e usuários distribuídos, a capacidade de conduzir varreduras seguras, precisas e interpretáveis é um diferencial decisivo.

CAPÍTULO 13. TÉCNICAS DE SCRIPT AVANÇADO E LUA

O verdadeiro poder técnico do Nmap manifesta-se com plenitude quando o analista domina a criação de scripts avançados utilizando a linguagem Lua na arquitetura NSE (Nmap Scripting Engine). A capacidade de desenvolver scripts personalizados transcende o uso convencional da ferramenta, permitindo não apenas detectar serviços ou verificar vulnerabilidades conhecidas, mas também interagir com protocolos raros, implementar comportamentos específicos de detecção, automatizar tarefas recorrentes e construir lógicas adaptadas a ambientes complexos e dinâmicos.

A NSE foi projetada para oferecer máxima flexibilidade com mínima sobrecarga. Utilizando Lua como linguagem base — leve, embutível e orientada a extensão — o Nmap permite que cada script opere dentro de um ambiente seguro, com escopo bem definido, módulos dedicados e APIs próprias para rede, manipulação de pacotes, serviços de nomeação, autenticação, criptografia e formatação de saída. Esse ecossistema modular faz da NSE uma plataforma ideal para prototipagem de funções, experimentação técnica e engenharia de soluções sob medida.

Arquitetura da Scripting Engine e Papéis de Execução

A estrutura lógica de qualquer script NSE baseia-se em um modelo funcional claro. Todo script executado pelo Nmap passa por uma ou mais das seguintes fases:

- **prerule**: scripts executados antes da varredura principal, geralmente para preparação do ambiente.

- **hostrule**: scripts que operam sobre hosts identificados como ativos.

- **portrule**: scripts acionados quando portas específicas estão abertas e reconhecidas.

- **postrule**: scripts executados após o encerramento das varreduras, úteis para agregação ou limpeza.

Cada script declara uma dessas fases em sua definição, com uma função correspondente que retorna verdadeiro quando a condição se aplica. A função action, por sua vez, contém a lógica principal, que será executada quando o script for chamado. Um esqueleto básico de script pode ser descrito assim:

lua

```
portrule = function(host, port)
  return port.protocol == "tcp" and port.number == 80
end

action = function(host, port)
  return "Script executado com sucesso na porta 80"
end
```

O código acima define que o script só será executado em portas TCP número 80. Ao ser acionado, imprime uma mensagem de confirmação. Essa lógica, embora trivial, ilustra a simplicidade sintática e a clareza estrutural de um script NSE.

Exploração Profunda da
Linguagem Lua no Contexto NSE

Lua, como linguagem, é conhecida por sua leveza e por permitir expressividade sem complexidade. Sua integração ao Nmap ocorre por meio de bindings que expõem funções específicas à engine, sem comprometer a segurança da execução. As principais funcionalidades disponíveis em scripts NSE incluem:

- Criação e controle de sockets TCP/UDP/SSL.

- Manipulação de protocolos, buffers e fluxos.

- Acesso a bibliotecas padrão e módulos da NSE.

- Formatação de strings, tabelas e expressões regulares.

- Execução assíncrona de tarefas com co-rotinas.

Um exemplo de script que realiza conexão com uma porta HTTP e coleta o banner:

lua

```lua
local shortport = require "shortport"
local http = require "http"

portrule = shortport.http

action = function(host, port)
  local response = http.get(host, port, "/")
  if response.status == 200 then
    return "Página acessível. Título: " ..
response.body:match("<title>(.-)</title>")
  else
    return "Falha ao acessar página"
  end
end
```

O script utiliza dois módulos: shortport, que facilita a criação de regras por protocolo, e http, que encapsula requisições HTTP, incluindo parsing de cabeçalhos e corpo. A função match é usada para extrair o título da página, demonstrando como Lua permite manipular texto com clareza e agilidade.

Parse de Protocolos Exóticos e Manipulação de Pacotes

Um dos maiores diferenciais da NSE é a possibilidade de lidar com protocolos não padronizados ou que não possuem bibliotecas específicas no Nmap. Para isso, o analista pode utilizar sockets de baixo nível e construir manualmente os pacotes, byte a byte. Essa abordagem é essencial para trabalhar com:

- Protocolos proprietários de equipamentos industriais.

- Interfaces de sistemas legados sem documentação.

- Serviços de rede embarcados com comportamento atípico.

A seguir, um trecho de script que envia uma sequência binária para um serviço TCP e interpreta a resposta:

lua

```lua
local nmap = require "nmap"
local stdnse = require "stdnse"

portrule = function(host, port)
  return port.protocol == "tcp" and port.number == 31337
end

action = function(host, port)
  local socket = nmap.new_socket()
  socket:set_timeout(5000)
  local status, err = socket:connect(host.ip, port.number)
  if not status then return "Erro na conexão: " .. err end

  local payload = "\xDE\xAD\xBE\xEF"
  socket:send(payload)

  local response = socket:receive()
```

```
socket:close()

if response then
  return "Resposta: " .. stdnse.tohex(response)
else
  return "Sem resposta"
end
end
```

Aqui, o script conecta-se à porta 31337, envia uma sequência binária (\xDE\xAD\xBE\xEF) e converte a resposta recebida em hexadecimal para exibição. A função stdnse.tohex facilita a leitura de dados binários, e o uso direto de sockets proporciona controle total sobre o processo.

Criação de Scripts Orientados à Automação

O uso de scripts NSE não se limita à exploração. Eles também são instrumentos valiosos de automação de tarefas rotineiras, como:

- Extração periódica de banners para monitoramento de mudanças.

- Validação de cabeçalhos de segurança em servidores web.

- Verificação de presença de arquivos sensíveis em servidores HTTP.

- Execução de logins automatizados para checagem de serviços.

- Geração de logs estruturados para consumo por SIEM ou dashboards.

Para ilustrar essa capacidade, um script que verifica a presença de um arquivo .env público em aplicações web:

lua

```lua
local http = require "http"
local shortport = require "shortport"

portrule = shortport.http

action = function(host, port)
  local path = "/.env"
  local response = http.get(host, port, path)

  if response.status == 200 and
response.body:match("APP_KEY=") then
    return ".env exposto: conteúdo identificado"
  else
    return "Nenhum arquivo .env acessível"
  end
end
```

A função verifica se o arquivo .env está presente e se contém uma variável sensível (APP_KEY), comum em frameworks modernos. O uso desse tipo de script em pipelines automatizados permite alertas precoces e ações corretivas antes que a exposição se torne incidente.

Tratamento de Erros, Logging e Saídas Personalizadas

Um aspecto crucial no desenvolvimento de scripts NSE avançados é o controle robusto de erros e a clareza das mensagens retornadas. Scripts mal estruturados, que não tratam exceções, podem causar falhas silenciosas ou travar a execução geral da varredura. A biblioteca stdnse oferece funções como stdnse.debug, stdnse.verbose e stdnse.format_output para criar saídas contextualizadas, facilitando a leitura dos resultados e sua interpretação em ambientes corporativos.

Exemplo de saída estruturada:

lua

```
return stdnse.format_output(true, "Chave encontrada: %s",
chave_detectada)
```

Esse tipo de retorno garante que a resposta seja exibida apenas quando houver dados relevantes, evitando ruído nas saídas agregadas.

Erros Comuns e Como Corrigi-los

Erro: Script não é executado.
Causa: O arquivo não está localizado no diretório de scripts, ou há erro de sintaxe.
Solução: Salvar o script com extensão .nse em diretório válido e executar nmap --script-updatedb.

Erro: Porta correta, mas script não aciona.
Causa: A regra de portrule está mal definida.
Solução: Validar se a condição port.service ou port.number corresponde ao serviço alvo.

Erro: Script trava a varredura ou não retorna.
Causa: Falta de set_timeout ou má gestão do socket.
Solução: Definir socket:set_timeout() e sempre fechar a conexão com socket:close().

Erro: Retorno confuso ou ilegível.
Causa: Manipulação inadequada de strings binárias.
Solução: Utilizar stdnse.tohex, string.match ou string.byte para interpretação controlada.

Boas Práticas

- Começar com scripts simples e evoluir incrementando modularmente.

- Utilizar módulos reutilizáveis da NSE, evitando duplicação de código.

- Documentar claramente o propósito, autor, licença e

dependências.

- Testar em ambiente isolado antes de executar em produção.

- Validar respostas esperadas com serviços reais e emuladores.

- Utilizar --script-args para tornar scripts versáteis e adaptáveis.

Resumo Estratégico

A criação de scripts avançados com a linguagem Lua dentro da NSE representa o ápice do uso técnico do Nmap. Ao explorar essa habilidade, o analista transforma a ferramenta de varredura em uma plataforma programável de inspeção, automação e exploração orientada a contexto. O poder de escrever scripts que interagem diretamente com protocolos, interpretam dados binários, simulam comportamentos legítimos e retornam respostas inteligíveis confere à equipe de segurança e análise uma vantagem tática inquestionável.

Mais do que uma linguagem de extensão, Lua é o elo entre a flexibilidade da mente humana e a precisão das máquinas. Ao integrá-la com o rigor e a tradição técnica do Nmap, forja-se um instrumento que não apenas vê a rede, mas compreende sua lógica e antecipa suas falhas. Escrever scripts em NSE é, portanto, escrever segurança com inteligência.

CAPÍTULO 14. EXPLORAÇÃO DE IPV6 E PROTOCOLOS MODERNOS

A transição da infraestrutura de rede para o IPv6 é um processo inevitável e já em curso em muitas organizações, motivado principalmente pela exaustão dos blocos de endereços IPv4 e pela crescente necessidade de conectividade fim a fim em um mundo cada vez mais interligado. Essa evolução, no entanto, introduz uma nova camada de complexidade técnica, não apenas pela ampliação do espaço de endereçamento, mas pelas mudanças fundamentais na forma como os dispositivos se comunicam, se identificam e negociam parâmetros de rede.

Ao lidar com IPv6, o Nmap mantém sua relevância como instrumento de análise e varredura, mas exige manejo técnico de suas particularidades, desde o comportamento do protocolo e suas extensões até os impactos operacionais em redes multiplataforma. Além disso, a adoção de tecnologias como SLAAC (Stateless Address Autoconfiguration), NDP (Neighbor Discovery Protocol), DNSSEC e DHCPv6 amplia o leque de interações possíveis e, por consequência, os desafios na detecção, interpretação e correlação de serviços.

Características Técnicas Fundamentais do IPv6

O IPv6 não é apenas uma versão expandida do IPv4; ele altera estruturalmente a lógica de endereçamento e descoberta de rede. Dentre as mudanças mais relevantes estão:

- O uso de endereços de 128 bits, com representação hexadecimal dividida em oito blocos.

- A ausência de broadcast, substituído por multicast seletivo.

- A configuração automática de endereços com base no prefixo da rede e no identificador da interface (SLAAC).

- O uso intensivo do NDP para descoberta de vizinhança, roteadores e resolução de endereços.

As alterações impactam diretamente na forma como varreduras são conduzidas. O espaço de endereçamento praticamente inviabiliza varreduras do tipo brute-force, exigindo estratégias mais direcionadas, como a identificação de sub-redes ativas, escopos de link-local e análise de tráfego multicast.

O Nmap suporta varreduras IPv6 de forma nativa. Para isso, é necessário utilizar o parâmetro -6:

bash

```
nmap -6 -sT -p 22,80 2001:db8::1
```

Esse comando realiza uma varredura TCP connect em um endereço IPv6 definido. A ausência de -6 em qualquer comando invalida a execução contra alvos com endereçamento expandido.

SLAAC e Endereços Derivados de Interface

A autoconfiguração de endereços IPv6 sem estado é uma das bases do protocolo. Com SLAAC, dispositivos geram seus próprios endereços utilizando um prefixo fornecido pelo roteador e concatenando-o com um identificador da interface, geralmente derivado do endereço MAC. Esse comportamento, além de facilitar a administração, introduz padrões detectáveis que podem ser utilizados em varreduras direcionadas.

Ao capturar tráfego de rede ou examinar alocações de IPs em segmentos específicos, é possível inferir padrões de endereçamento utilizados pelos dispositivos. A abordagem descrita permite a criação de listas de alvos plausíveis para varredura, reduzindo drasticamente o espaço de busca.

A ferramenta ndisc6, frequentemente utilizada em conjunto com o Nmap, permite identificar dispositivos vizinhos e construir uma base inicial de endereços válidos. Uma vez identificados, a varredura pode ser conduzida de forma convencional:

bash

```
nmap -6 -sS --script=ipv6-node-info 2001:db8::abcd
```

O script ipv6-node-info coleta informações disponibilizadas por dispositivos que respondem à requisição ICMPv6 Node Information, como nome do host, detalhes da interface e configurações do sistema.

Neighbor Discovery Protocol e Varreduras Nativas

O NDP substitui o ARP no contexto do IPv6 e é responsável por resolver endereços de camada 3 para endereços de camada 2, detectar vizinhos ativos, anunciar presença e gerenciar prefixos. Como o NDP utiliza mensagens ICMPv6 específicas, é possível observar seu comportamento para inferir dispositivos ativos na rede local.

A ferramenta ndp-scan, ou o uso de wireshark com filtros como icmpv6.type == 135, permite identificar dispositivos que estão respondendo a solicitações de vizinhança. Esse mapeamento pode ser transposto ao Nmap para varreduras focadas, substituindo a tradicional detecção por ping.

Em redes onde o NDP está ativo e exposto, scripts como icmp6-echo e ipv6-multicast-slaac podem ser utilizados para testar a robustez da configuração:

bash

```
nmap -6 --script=icmp6-echo,ipv6-multicast-slaac ff02::1
```

A varredura para ff02::1, endereço de multicast para todos os nós, permite verificar quais dispositivos estão respondendo indiscriminadamente, comportamento que pode indicar falhas de segmentação ou ausência de políticas de filtragem.

Impactos e Particularidades em Ambientes Multiplataforma

Redes heterogêneas, compostas por sistemas operacionais distintos e dispositivos embarcados, apresentam comportamentos diversos em relação ao IPv6. Nem todos os sistemas implementam os mesmos padrões, aceitam as mesmas mensagens ICMPv6 ou respondem a requisições multicast da mesma forma. Essa assimetria dificulta a padronização de varreduras e exige interpretação contextual dos resultados.

Em redes Windows, por exemplo, o suporte a IPv6 é nativo, mas com restrições quanto à resposta a mensagens multicast. Sistemas Linux, por outro lado, tendem a ser mais abertos, especialmente em configurações padrão. Equipamentos de rede, impressoras, câmeras IP e dispositivos de automação frequentemente implementam apenas subconjuntos mínimos do protocolo, limitando sua capacidade de resposta a varreduras ou expondo informações indevidas por negligência no desenvolvimento.

Ao operar com Nmap em redes mistas, é essencial utilizar múltiplas técnicas de detecção, combinando scripts específicos, varreduras por portas conhecidas e análise de tráfego para construir uma visão precisa da superfície IPv6 exposta.

Scripts Dedicados ao Ecossistema IPv6

O Nmap inclui diversos scripts voltados exclusivamente ao IPv6. Alguns dos mais relevantes são:

- ipv6-node-info: coleta informações via Node Information Queries.

- ipv6-ra-flood: simula envio massivo de mensagens Router Advertisement, útil para testes de robustez.

- ipv6-multicast-slaac: testa se dispositivos aceitam configurações autônomas a partir de mensagens multicast.

- dns-ip6-arpa-scan: explora registros reversos no DNS para encontrar endereços IPv6 ativos.

A seguir, um comando combinando scripts para inspeção de dispositivos em redes locais:

bash

```
nmap -6 --script=ipv6-node-info,ipv6-multicast-slaac -sU
ff02::1
```

O modo de varredura permite avaliar o comportamento da rede diante de requisições amplamente difundidas, algo crítico em redes que deveriam operar sob políticas de segmentação rigorosa.

Correlação com DNSSEC e DHCPv6

Além das interações puramente técnicas do protocolo IPv6, a análise profunda inclui também sua relação com mecanismos de resolução de nomes e configuração dinâmica. O DNSSEC, ao adicionar uma camada de validação criptográfica ao DNS, impacta a forma como os scripts interpretam as respostas recebidas. Scripts como dnssec-check e dns-nsid permitem avaliar se as zonas estão assinadas corretamente e se os servidores estão revelando informações adicionais.

Com relação ao DHCPv6, o script dhcp6-discover pode ser

utilizado para detectar servidores ativos na rede e inferir comportamentos de alocação de endereços, o que auxilia na identificação de controladores de domínio, appliances de segurança e dispositivos mal configurados:

bash

```
nmap -6 -sU -p 547 --script=dhcp6-discover fe80::1%eth0
```

O uso do escopo (%eth0) é necessário em endereços link-local para especificar a interface de envio, característica exclusiva do IPv6.

Erros Comuns e Estratégias de Correção

Erro: Falha ao resolver endereço IPv6.
Causa: DNS reverso não configurado ou ausência de zoneamento ip6.arpa.
Solução: Utilizar endereços literais ou configurar zonas reversas apropriadas.

Erro: Script retorna "nil" ou "no response" em varredura multicast.
Causa: Dispositivos não respondem a requisições multicast por política ou limitação de firmware.
Solução: Coletar tráfego com Wireshark para verificar se os pacotes estão chegando, e realizar varreduras unicast em endereços identificados manualmente.

Erro: Resultado inconsistente entre diferentes sistemas operacionais.
Causa: Implementações diversas de IPv6 e ICMPv6.
Solução: Ajustar scripts conforme o tipo de dispositivo alvo e interpretar resultados dentro do contexto de sua plataforma.

Erro: Nmap não reconhece a interface ao enviar pacotes para link-local.
Causa: Falta de especificação de escopo na sintaxe do endereço.
Solução: Acrescentar %interface ao final do IP, como em

fe80::abcd%eth0.

Boas Práticas

- Sempre começar pela coleta de tráfego ICMPv6 passivo para mapear a topologia real.

- Utilizar scripts dedicados com escopo definido, evitando generalizações que resultam em perda de precisão.

- Priorizar varreduras em segmentos conhecidos e com densidade de dispositivos plausível.

- Manter uma base atualizada de endereços ativos e prefixos utilizados, alimentada por logs de DHCPv6 e respostas de NDP.

- Validar periodicamente a consistência dos scripts e a resposta dos dispositivos após atualizações de firmware ou mudanças de rede.

Resumo Estratégico

A exploração técnica do IPv6 com o Nmap exige mais do que a mera adaptação de comandos convencionais. Exige entendimento da nova lógica do protocolo, conhecimento aprofundado das ferramentas auxiliares e consciência das diferenças comportamentais entre plataformas. Ao utilizar scripts dedicados, abordar metodologias específicas como SLAAC, NDP e multicast, e integrar resultados com análises de DNSSEC e DHCPv6, o profissional constrói uma abordagem completa e alinhada com os desafios contemporâneos das redes em transição.

O IPv6 não é apenas uma expansão de endereços — é uma mudança de paradigma. Com o Nmap, essa mudança pode ser mapeada, compreendida e integrada à rotina de segurança com eficiência e rigor técnico. A rede, antes invisível sob camadas herdadas de IPv4, revela-se em novas formas, novas portas e novas oportunidades de monitoramento e defesa.

CAPÍTULO 15. VARREDURA DE PORTAS E VULNERABILIDADES EM REDES IOT

A expansão das redes IoT (Internet of Things) consolidou um novo paradigma técnico nas arquiteturas de rede, caracterizado por dispositivos autônomos, conectividade ubíqua e diversidade de protocolos proprietários ou adaptados. Diferentemente de servidores e estações tradicionais, os dispositivos IoT operam com recursos limitados, firmware embarcado, interfaces minimalistas e, muitas vezes, práticas de segurança negligenciadas. Essa combinação torna as redes IoT um campo fértil tanto para automação inteligente quanto para exploração por agentes maliciosos.

O Nmap, ao ser devidamente ajustado para lidar com a natureza peculiar desses dispositivos, torna-se uma ferramenta indispensável para varredura, identificação de portas customizadas, extração de banners e detecção de configurações inseguras. O desafio, contudo, não reside apenas na execução técnica das varreduras, mas na interpretação qualificada dos resultados, considerando as limitações inerentes ao hardware, os comportamentos específicos de protocolos exóticos e a vulnerabilidade recorrente a senhas padrão ou interfaces expostas.

A Complexidade Técnica das Infraestruturas IoT

Redes IoT envolvem um ecossistema vasto de dispositivos, incluindo câmeras IP, sensores ambientais, controladores de acesso, sistemas de climatização, alarmes, assistentes de voz, lâmpadas inteligentes, entre outros. Cada classe de equipamento utiliza seu próprio conjunto de protocolos de comunicação — como MQTT, CoAP, UPnP, Telnet embarcado ou HTTP customizado — o que exige uma abordagem minuciosa por parte do analista.

A heterogeneidade da pilha de software, a ausência de atualizações regulares, o uso de sistemas operacionais embarcados com bibliotecas desatualizadas e a recorrente exposição à internet sem proteção adequada tornam a identificação desses dispositivos uma prioridade estratégica em auditorias de segurança. Em geral, tais equipamentos:

- Utilizam portas não convencionais ou variáveis por modelo e fabricante.

- Restringem as respostas de rede para preservar recursos computacionais.

- Expõem banners simplificados ou silenciam completamente diante de varreduras agressivas.

- Mantêm credenciais padrão gravadas em firmware.

Para enfrentar essa realidade, é necessário ajustar o Nmap de maneira a contemplar o espectro completo de portas e protocolos plausíveis, evitar abordagens excessivamente intrusivas e aplicar scripts NSE voltados à extração de informações de dispositivos embarcados.

Detecção de Portas Customizadas
com Varreduras Expandidas

A primeira etapa da análise consiste em identificar quais portas estão abertas e operando de forma ativa em dispositivos potencialmente IoT. Como essas portas não seguem convenções estabelecidas (como 22 para SSH ou 80 para HTTP), é essencial adotar varreduras ampliadas, que cubram faixas completas de portas TCP e, quando aplicável, UDP:

bash

```
nmap -p- -T4 -sS 192.168.1.0/24 --max-retries 2 --min-rate 500
```

O parâmetro -p- instrui o Nmap a escanear todas as 65.535 portas TCP, enquanto --min-rate e --max-retries otimizam a velocidade e reduzem tentativas excessivas em dispositivos lentos. Essa abordagem visa capturar portas atípicas, como 49152 (UPnP), 8081 (painéis web embarcados) ou 554 (RTSP).

Varreduras UDP também são cruciais, embora mais lentas e sujeitas a falsos negativos. A varredura típica inclui portas utilizadas por SNMP, DHCP, CoAP e outros serviços comuns em dispositivos IoT:

bash

```
nmap -sU -p 161,5683,1900 192.168.1.100 --max-retries 1 --
host-timeout 30s
```

A configuração deve ser ajustada com parcimônia, pois muitos dispositivos embarcados rejeitam múltiplas conexões em sequência ou reiniciam interfaces de rede diante de pacotes inesperados.

Extração de Banners e Identificação de Dispositivos

Uma vez mapeadas as portas, o passo seguinte é identificar os serviços em execução e coletar banners ou respostas características. O Nmap permite essa coleta por meio do modo de detecção de versão:

bash

```
nmap -sV -p 23,80,554,8081 192.168.1.100
```

Os banners expostos por equipamentos IoT tendem a ser mais diretos e muitas vezes revelam o fabricante, o modelo do dispositivo, a versão do firmware ou o nome do sistema embarcado (como BusyBox ou uClinux). Informações como:

- "GoAhead-Webs/2.5.0" indicam o uso de servidor HTTP embarcado.

- "RTSP/1.0 200 OK" revela a presença de streaming de vídeo.

- "Login: admin" na porta 23 pode indicar Telnet com autenticação padrão.

Tais elementos são fundamentais para a posterior associação com bases de vulnerabilidades conhecidas, como CVE, Exploit-DB ou Shodan. Além disso, muitos banners possuem padrões repetitivos que facilitam a automação da identificação por scripts NSE customizados.

Uso de Scripts NSE para Exploração de Dispositivos Embarcados

A NSE oferece um conjunto de scripts especialmente úteis para análise de equipamentos IoT, particularmente em relação a serviços HTTP, Telnet, FTP, RTSP e SNMP. Dentre os mais relevantes estão:

- http-title: identifica o título da página web, geralmente revelando o fabricante.

- http-server-header: extrai a versão do servidor embarcado.

- snmp-info: coleta dados sobre o dispositivo via protocolo SNMP v1/v2.

- telnet-ntlm-info: detecta presença de login Telnet com banners reveladores.

- ftp-anon: verifica acesso anônimo a sistemas de armazenamento.

- rtsp-methods: enumera os métodos permitidos em streaming de vídeo.

Um comando representativo de varredura aplicada a dispositivos IoT pode ser:

bash

```
nmap -p 23,80,161,554 --script=http-title,http-server-
header,snmp-info,telnet-ntlm-info 192.168.1.100
```

A resposta consolidada desses scripts proporciona uma visão ampla do dispositivo, suas funções e o grau de exposição. Em muitos casos, o simples título da página (http-title) entrega a marca e o modelo, enquanto o SNMP fornece número de série, tempo de atividade e informações sobre sensores conectados.

Detecção de Senhas Padrão e Interfaces Vulneráveis

A persistência de senhas padrão é um dos aspectos mais explorados em ataques contra redes IoT. Muitos dispositivos chegam ao mercado com credenciais como "admin:admin", "root:1234" ou variações derivadas, permanecendo inalteradas por anos. O Nmap, por meio de scripts de força bruta controlada, permite testar a presença dessas credenciais sem exaurir os recursos do dispositivo:

bash

```
nmap -p 23 --script telnet-brute --script-args
userdb=usuarios.txt,passdb=senhas.txt 192.168.1.100
```

A base de usuários e senhas pode ser personalizada para contemplar modelos específicos, utilizando listas baseadas em pesquisa pública ou em observações anteriores da infraestrutura. Como os equipamentos são sensíveis a sobrecarga, recomenda-se limitar o número de threads e tentativas:

bash

```
--script-args brute.threads=2,brute.firstonly=true
```

Essa dinâmica evita bloqueios automáticos ou reinicializações do serviço, além de acelerar a detecção de credenciais válidas.

Desafios Técnicos e Limitações de Hardware

Dispositivos IoT, por sua natureza embarcada, impõem limitações operacionais severas em relação à resposta a varreduras. Os problemas mais comuns incluem:

- Tempo de resposta elevado, dificultando o uso de timeouts padrão.

- Capacidade limitada de lidar com múltiplas conexões simultâneas.

- Quedas de interface de rede durante varreduras intensivas.

- Implementações parciais ou incompletas de protocolos.

Para contornar essas dificuldades, é fundamental ajustar os parâmetros de timing e intensidade:

bash

```
nmap -T2 --host-timeout 1m --max-retries 2 --min-parallelism 1
```

O modo mais conservador reduz a taxa de envio de pacotes, respeita o ritmo do dispositivo e preserva a estabilidade da interface. A análise técnica dos banners e scripts pode ser complementada com captura de pacotes em ferramentas como Wireshark, permitindo observar o comportamento de camadas mais baixas diante das varreduras.

Erros Comuns e Estratégias de Correção

Erro: O Nmap não retorna nenhuma porta aberta.
Causa: Dispositivo opera em portas não convencionais.
Solução: Utilizar -p- para escanear todas as portas e verificar manualmente logs ou capturas de tráfego.

Erro: Scripts NSE travam ou geram erro de socket.
Causa: Excesso de requisições ou buffer limitado no dispositivo.
Solução: Reduzir brute.threads, ajustar --host-timeout e sempre fechar sockets após uso.

Erro: Credenciais padrão não funcionam mesmo quando válidas.
Causa: Interface web ou Telnet exige ordem específica de autenticação.
Solução: Utilizar scripts mais especializados ou executar login manual com telnet ou curl.

Erro: Dispositivo reinicia após varredura.
Causa: Buffer overflow ou watchdog ativado por excesso de pacotes.
Solução: Ajustar -T para valores mais baixos e espaçar as conexões.

Boas Práticas

- Executar varreduras em horários controlados ou em ambientes de teste sempre que possível.

- Manter uma base de dados atualizada com fabricantes, modelos e suas respectivas portas e credenciais.

- Documentar minuciosamente os scripts utilizados, seus parâmetros e os resultados obtidos.

- Correlacionar banners e informações de SNMP com bases de vulnerabilidades públicas.

- Utilizar scripts próprios quando necessário, adaptando o NSE para protocolos específicos ou fluxos observados.

Resumo Estratégico

A varredura de dispositivos IoT demanda precisão, cautela e interpretação técnica apurada. O Nmap, quando adaptado às particularidades desses dispositivos, revela-se uma ferramenta insubstituível para identificar portas customizadas, extrair informações sensíveis, detectar exposições indevidas e validar o estado de segurança da infraestrutura. O conhecimento prático da resposta dos dispositivos, aliado ao uso criterioso dos scripts NSE, permite que o analista conduza avaliações assertivas mesmo em contextos de alta restrição.

O universo IoT não apenas amplia a superfície de ataque, mas exige novas formas de leitura e diagnóstico. O profissional que utiliza o Nmap como instrumento de análise embarcada posiciona-se à frente na proteção de redes híbridas, dinâmicas e cada vez mais sensíveis à exposição silenciosa. Detecção não é mais uma opção — é uma necessidade contínua, automatizada e orientada à inteligência técnica.

CAPÍTULO 16. MAPEAMENTO DE AMBIENTES AIR-GAPPED E RESTRITOS

A condução de atividades de varredura e análise em ambientes air-gapped ou submetidos a restrições severas de conectividade representa um dos maiores desafios técnicos no contexto de segurança cibernética e engenharia de rede. Diferentemente de redes convencionais, onde há liberdade para executar varreduras ativas, coletar tráfego em tempo real e interagir com dispositivos-alvo, estruturas isoladas — por concepção ou exigência regulatória — limitam drasticamente o alcance das ferramentas tradicionais, exigindo criatividade metodológica de técnicas alternativas.

Ambientes air-gapped são concebidos para operar sem qualquer tipo de conexão direta com redes externas, incluindo a internet. Essa arquitetura, embora eficaz para mitigar exfiltração e ataque remoto, dificulta a inspeção contínua e impõe barreiras significativas à análise de superfície exposta, identificação de serviços ou detecção de vulnerabilidades. Em muitos casos, a análise precisa ocorrer de forma indireta, baseada em registros, artefatos coletados manualmente, amostras de tráfego ou simulações controladas em ambientes paralelos.

Nessas circunstâncias, o Nmap continua sendo uma ferramenta valiosa, desde que adaptado à realidade operacional. A análise fora de banda — baseada em parsing de arquivos PCAP, logs de dispositivos ou observação indireta de comportamento — permite extrair visibilidade técnica mesmo onde o tráfego não é acessível em tempo real.

Entendimento Técnico do Conceito de Air-Gap

O isolamento físico ou lógico de uma rede é empregado em contextos críticos, como infraestruturas industriais, sistemas militares, ambientes regulados por normas rígidas (PCI-DSS, HIPAA) e setores onde a confidencialidade é prioritária. A arquitetura air-gapped impede qualquer comunicação não autorizada com redes externas, o que significa ausência de gateways, NATs, conexões VPN, proxies reversos ou túneis criptografados.

Essa desconexão obriga o uso de meios físicos para coleta de dados (pendrives, discos criptografados, mídia removível) e requer o emprego de técnicas que não dependam da execução ativa da ferramenta de varredura sobre os alvos, mas sim da análise minuciosa dos vestígios deixados por sua operação — como logs, arquivos PCAP e dumps de configuração.

A varredura, portanto, não ocorre diretamente. É simulada, inferida ou reconstruída a partir de dados intermediários, o que exige uma reinterpretação do papel do Nmap: ele se torna um motor de análise em modo offline, processando entradas capturadas previamente para reconstruir o estado da rede.

Parsing de Arquivos PCAP com Ferramentas Auxiliares

A análise de capturas de tráfego é uma das formas mais precisas de obter visibilidade sobre um ambiente fechado. Ao capturar o tráfego interno com ferramentas como tcpdump, tshark ou appliances passivos, é possível transferir os arquivos para um ambiente de análise e processá-los com filtros refinados.

Embora o Nmap não opere diretamente sobre arquivos .pcap, sua integração com ferramentas auxiliares como scapy, Zeek e Wireshark permite extrair os dados necessários para a construção de comandos direcionados, simulações e scripts NSE com foco específico.

Com Zeek, por exemplo, pode-se gerar relatórios detalhados de sessões, serviços e anomalias:

bash

```
zeek -r captura.pcap
```

Os arquivos resultantes — como conn.log, http.log, dns.log — podem ser analisados para identificar IPs ativos, tipos de serviço, banners, tempo de resposta, métodos HTTP utilizados e outros indicadores relevantes. Com isso, constrói-se um inventário técnico da rede isolada, que pode ser exportado para alimentar scripts de correlação ou gerar representações gráficas.

Complementarmente, o scapy permite parsing direto de pacotes e sua reconstrução em nível de aplicação. Um fragmento simples de código em Python que extrai portas TCP ativas:

python

```
from scapy.all import rdpcap, TCP
packets = rdpcap('captura.pcap')
for pkt in packets:
    if pkt.haslayer(TCP):
        print(pkt[IP].src, pkt[TCP].sport, pkt[IP].dst,
pkt[TCP].dport)
```

Essa leitura orientada pode ser utilizada para mapear os fluxos TCP existentes, identificar padrões de comunicação e inferir as portas mais utilizadas pelos dispositivos no ambiente fechado.

Emprego de Surrogates e Simulação de Ambientes

Em situações onde o acesso direto à rede é impossível, mas há disponibilidade de dispositivos equivalentes, a criação de surrogates — réplicas em ambiente controlado — é uma abordagem válida. Trata-se de isolar um dispositivo idêntico ao original, submetê-lo a varreduras intensivas e extrapolar os resultados com base em padrões replicáveis.

Essa técnica é amplamente empregada em auditorias industriais, onde o analista não pode interferir na rede de produção, mas possui acesso ao mesmo modelo de PLC, RTU ou sensor em ambiente de laboratório. O Nmap é então executado localmente:

bash

```
nmap -sV -p- --script vuln 192.168.100.10
```

Os dados obtidos permitem construir um perfil técnico do dispositivo, com suas portas abertas, versões de firmware, resposta a pacotes específicos e presença de vulnerabilidades conhecidas. Ao correlacionar com as capturas de tráfego ou logs do ambiente original, o analista pode validar hipóteses sem tocar fisicamente na infraestrutura protegida.

Utilização de Dumps e Logs para Reconstrução da Topologia

Dispositivos como switches gerenciáveis, firewalls, roteadores e appliances de segurança geram logs que podem ser exportados para análise. Muitas vezes, esses registros incluem:

- Tabelas ARP e MAC.

- Logs de autenticação e syslog.

- Eventos SNMP e traps.

- Relatórios de fluxo (NetFlow, sFlow).

A análise desses arquivos permite inferir o comportamento dos dispositivos, a frequência de comunicação, os protocolos utilizados e até a existência de serviços ocultos.

Um dump de ARP, por exemplo, revela os dispositivos ativos e seus endereços IP/MAC, o que permite construir um mapa básico da rede:

bash

```
192.168.1.1 00:11:22:33:44:55
192.168.1.10 00:11:22:AA:BB:CC
```

Assim, pode-se gerar uma lista de alvos plausíveis para testes posteriores, recriar segmentos da rede em ambiente virtual e testar scripts NSE ou regras de firewall aplicáveis.

Scripts NSE para Análise Offline ou em Modo Seguro

Alguns scripts do Nmap são adequados para execução em ambientes controlados, simulando comportamentos sem enviar pacotes. Embora a maior parte da NSE seja orientada à execução ativa, certos scripts operam sobre arquivos locais, chaves, certificados ou alvos previamente conhecidos.

É possível, por exemplo, utilizar o script ssl-cert com base em um certificado exportado:

bash

```
openssl s_client -connect 192.168.1.1:443 < /dev/null | openssl x509 -text > cert.txt
```

E depois analisar o conteúdo manualmente ou com scripts adaptados para parsing de arquivos. O mesmo se aplica a banners coletados com netcat, telnet ou logs de serviços web, que podem ser submetidos a parsing manual ou com ferramentas próprias.

Erros Frequentes e Ações Corretivas

Erro: Falha ao processar PCAPs no ambiente de análise.
Causa: Arquivo corrompido ou tráfego criptografado.
Solução: Validar integridade com tcpdump -r e, se necessário, capturar com descriptografia em tempo real.

Erro: Resultados inconsistentes entre surrogates e dispositivos reais.
Causa: Diferentes versões de firmware ou configurações de fábrica alteradas.
Solução: Registrar versão de cada dispositivo e considerar variáveis no firmware.

Erro: Scripts NSE não operam sem conexão ativa.
Causa: Dependência de sockets de rede.
Solução: Adaptar scripts ou utilizar ferramentas externas para simulação.

Erro: Interpretação equivocada de logs por ausência de contexto.
Causa: Log incompleto ou truncado.
Solução: Verificar data, escopo e consistência com outros arquivos.

Boas Práticas

- Manter um repositório controlado com capturas, dumps e logs devidamente versionados.

- Validar todas as entradas com hashes e metadados para garantir integridade.

- Utilizar ambiente de análise isolado, sem acesso à internet, para simular comportamentos.

- Documentar todas as ações e scripts executados, com parâmetros e versões.

- Conduzir análise incremental, evitando extrapolações sem evidência técnica.

Resumo Estratégico

O mapeamento de ambientes air-gapped e redes submetidas a restrições operacionais severas exige uma mudança de postura técnica. Não se trata de executar comandos com alcance imediato, mas de reconstruir uma imagem fiel da infraestrutura a partir de fragmentos técnicos, capturas oportunas e simulações controladas. O Nmap, ao operar como motor analítico, permite transformar logs, dumps e artefatos de tráfego em conhecimento estruturado.

Ao unir rigor técnico com criatividade investigativa, o analista constrói inteligência operacional mesmo em redes onde nenhuma varredura direta é possível. Em um mundo cada vez mais segmentado, onde a segurança depende também da visibilidade em zonas silenciosas, essa competência se torna essencial. Detectar sem tocar, inferir sem expor, validar sem comprometer — eis o novo imperativo da análise técnica em ambientes restritos.

CAPÍTULO 17. LOGGING, REPORTS E FORMATOS DE SAÍDA

O valor de uma varredura não está apenas na execução técnica precisa, mas na capacidade de documentar, interpretar e compartilhar os resultados de forma clara, estruturada e útil para ações posteriores. Em ambientes corporativos, auditorias regulatórias ou projetos de segurança, a geração de logs e relatórios representa uma etapa tão estratégica quanto a própria coleta de dados. O Nmap, atento a essa necessidade, oferece múltiplos formatos de saída que permitem desde a leitura direta por humanos até a integração automatizada com sistemas de monitoramento e plataformas de análise.

Conhecer a criação e utilização dos formatos de logging disponíveis, o operador de segurança transforma varreduras isoladas em artefatos reutilizáveis, versionáveis e facilmente correlacionáveis. Tal competência é essencial para construir históricos de segurança, alimentar dashboards de visibilidade e gerar relatórios executivos com respaldo técnico robusto.

Formatos Nativos de Saída do Nmap

O Nmap disponibiliza quatro formatos principais de saída, cada qual com finalidades distintas. A escolha adequada depende do tipo de uso pretendido — leitura humana, ingestão automatizada ou compatibilidade com ferramentas externas.

- **Normal (-oN)**: formato padrão, ideal para leitura manual.

- **Grepable (-oG)**: estruturado para parsing com ferramentas como grep, awk ou sed.

- **XML (-oX)**: adequado para importação em sistemas de terceiros, parsing em scripts e integração com SIEM.

- **All (-oA)**: gera simultaneamente os três formatos anteriores, com base em um único prefixo.

A combinação de modos permite flexibilidade operacional e evita a necessidade de reexecutar a varredura para gerar saídas adicionais.

Comando de geração:

bash

```
nmap -sV -p 22,80,443 192.168.0.0/24 -oA
relatorio_rede_interna
```

Este comando cria três arquivos:

- relatorio_rede_interna.nmap **(normal)**

- relatorio_rede_interna.gnmap **(grepable)**

- relatorio_rede_interna.xml **(XML)**

A centralização do prefixo garante consistência na organização dos arquivos e facilita o versionamento em pipelines de auditoria.

Saída Normal (-oN)

A opção -oN gera uma saída legível, com ênfase na clareza e organização textual. Utilizada amplamente em relatórios técnicos impressos ou enviados por e-mail, permite que qualquer profissional compreenda os resultados mesmo sem familiaridade com o Nmap.

Exemplo de trecho:

bash

```
PORT    STATE SERVICE VERSION
22/tcp  open ssh   OpenSSH 7.9p1 Debian 10+deb10u2
80/tcp  open http  Apache httpd 2.4.38 ((Debian))
443/tcp open ssl/https
```

Essa estrutura é ideal para anexar a relatórios de avaliação, compor documentos técnicos ou como base para preenchimento de planilhas.

Saída Grepable (-oG)

Projetado para automação e parsing rápido com ferramentas clássicas do Unix, o modo -oG organiza os dados em linhas com campos delimitados por colunas, facilitando extrações direcionadas.

Comando para extrair todos os hosts com a porta 22 aberta:

bash

```
grep "/open/tcp//ssh/" relatorio.gnmap | cut -d " " -f2
```

Tal abordagem é útil em scripts shell, onde a análise automatizada precede ações como envio de alertas, inclusão em listas de exceção ou alimentação de bases de dados.

Saída XML (-oX)

A opção -oX oferece uma estrutura padronizada, ideal para integração com sistemas externos como SIEMs, plataformas de inteligência, bancos de dados de ativos e dashboards customizados.

Modelo de fragmento XML:

xml

```
<port protocol="tcp" portid="80">
  <state state="open"/>
  <service name="http" product="Apache httpd"
version="2.4.38"/>
</port>
```

Por sua estrutura hierárquica, permite parsing com linguagens como Python, PowerShell, Go ou JavaScript, utilizando bibliotecas como xml.etree, ElementTree, BeautifulSoup ou xml2js. Também é compatível com ferramentas como Splunk, ELK Stack, OpenVAS, Nessus, Maltego e Metasploit.

Integração com Plataformas SIEM e Auditoria

A integração de logs do Nmap com plataformas de SIEM (Security Information and Event Management) possibilita a correlação entre eventos de varredura, alertas de IDS/IPS e anomalias de tráfego. Para tanto, a exportação em XML ou JSON é fundamental, pois permite ingestão estruturada com campos de timestamp, IP, porta, protocolo e versão.

Uma prática comum é a criação de dashboards no Kibana ou Splunk com os seguintes indicadores:

- Quantidade de hosts com portas críticas abertas (22, 3389, 445).

- Serviços expostos com versões desatualizadas.

- Variação no número de portas abertas entre auditorias periódicas.

- Presença de serviços não autorizados em sub-redes específicas.

Os dados, além de enriquecer a visibilidade operacional, servem como base para decisões estratégicas, como revisão de políticas de firewall, segmentação de rede ou atualização de dispositivos.

Exportação Condicional e Logging Silencioso

Durante varreduras extensas, pode ser útil registrar apenas os alvos que respondem ou apresentam portas abertas, evitando gerar arquivos massivos com hosts inativos. Para isso, utiliza-se o parâmetro --open:

bash

```
nmap -sV --open -oG ativos_abertos.gnmap 10.0.0.0/16
```

O comando descrito ignora qualquer host sem resposta positiva, reduzindo o volume de dados e otimizando o tempo de análise. Também é possível executar o Nmap em modo silencioso (sem saída na tela), redirecionando diretamente para arquivos:

bash

```
nmap -sS -p 80,443 192.168.0.0/24 -oX webscan.xml > /dev/
null
```

Esse comportamento é valioso em crontabs, agendamentos e scripts automáticos, onde o interesse está exclusivamente no artefato gerado.

Erros Frequentes na Interpretação de Logs

Erro: Confusão entre filtered, closed e open.
Causa: Interpretação literal sem considerar os estados intermediários.
Solução: Compreender que filtered indica incerteza (pacotes descartados sem resposta), closed é resposta negativa explícita, e open implica aceitação do pacote enviado.

Erro: Arquivo .xml vazio ou incompleto.
Causa: Interrupção da varredura ou erro de permissão.
Solução: Verificar se a varredura foi concluída, se há espaço em disco e se o usuário tem permissões de escrita no diretório.

Erro: Parsing incorreto por formatação de quebra de linha.
Causa: Uso de editores que modificam encoding.
Solução: Utilizar editores compatíveis com UTF-8 e manter quebra de linha UNIX (\n).

Erro: Hosts identificados com IP, mas sem hostname.
Causa: DNS reverso desabilitado ou indisponível.
Solução: Adicionar -R para forçar resolução reversa ou mapear manualmente os IPs relevantes.

Boas Práticas

- Adotar nomenclatura padronizada nos arquivos, com data, escopo e objetivo da varredura.

- Armazenar logs em repositórios versionados, com controle de acesso e retenção.

- Validar integridade dos arquivos com hashes e gerar sumários automatizados após cada execução.

- Criar pipelines de conversão entre formatos, como XML para JSON, para facilitar interoperabilidade.

- Utilizar tags de metadados no início dos arquivos para facilitar indexação e busca posterior.

Resumo Estratégico

A geração estruturada de logs e relatórios consolida o valor técnico das varreduras realizadas com o Nmap. Ao selecionar o formato de saída mais adequado, o analista garante que os dados coletados sejam reutilizáveis, auditáveis e acionáveis. Essa camada documental, frequentemente negligenciada, é o elo entre a varredura técnica e a governança da informação.

Em uma operação de segurança madura, não basta detectar — é preciso registrar, comunicar e agir com base nos achados. O controle dos modos de saída do Nmap e sua integração com sistemas corporativos transforma dados em conhecimento, e conhecimento em resposta. O log, portanto, deixa de ser um subproduto para assumir sua posição como pilar central na estratégia de análise de rede.

CAPÍTULO 18. INTEGRAÇÃO COM FERRAMENTAS DE INTELIGÊNCIA E OSINT

A crescente interconexão entre infraestrutura digital e vetores de ameaça exige que a análise técnica vá além da inspeção local de serviços e sistemas. O Nmap, embora amplamente reconhecido por sua capacidade de varredura e detecção em redes, alcança um novo patamar de eficácia quando os resultados obtidos são correlacionados com fontes externas de inteligência. A partir dessa integração, é possível enriquecer os dados coletados, validar riscos com maior precisão e conectar descobertas locais com indicadores globais de comprometimento.

Ao explorar ferramentas de OSINT (Open Source Intelligence) e bancos de dados colaborativos como MISP, Maltego, Shodan, VirusTotal e AbuseIPDB, o analista obtém uma visão ampliada e contextualizada de cada ativo identificado. IPs, domínios e serviços não são tratados apenas como endereços ou portas, mas como entidades com histórico, reputação e relações, permitindo inferir intenções, mapear campanhas e antecipar movimentos adversos.

Aprofundamento de Resultados
com Feeds de Inteligência

Após a execução de uma varredura com o Nmap, o conjunto de IPs e serviços detectados torna-se ponto de partida para investigações complementares. Muitos dos ativos mapeados podem, por exemplo, já ter sido reportados em listas negras, bancos de IOCs (Indicators of Compromise) ou campanhas de phishing.

Ferramentas como o **MISP (Malware Information Sharing Platform)** permitem comparar elementos descobertos com eventos documentados por outras organizações. Ao importar os IPs e domínios identificados em varreduras para a plataforma, realiza-se a correlação automática com CVEs, campanhas ativas, técnicas de ataque (segundo MITRE ATT&CK) e indicadores comportamentais.

Um fluxo operacional comum envolve:

1. Executar uma varredura Nmap com exportação XML.

2. Importar o XML no MISP via interface ou script.

3. Aplicar filtros por severidade, tipologia e recorrência.

4. Associar os ativos a eventos existentes ou criar novos eventos para acompanhamento.

O uso da API do MISP permite automação completa desse processo. Com a biblioteca PyMISP, por exemplo, é possível inserir entidades e consultar rapidamente se um determinado IP pertence a algum cluster de atividade maliciosa conhecido:

python

```
from pymisp import ExpandedPyMISP
misp = ExpandedPyMISP(url, key, ssl=False)
result = misp.search(controller='attributes',
value='192.168.0.10')
```

A resposta retorna os eventos relacionados, permitindo inferir se o serviço em questão faz parte de uma botnet, foi observado em ataque de ransomware ou é apenas uma presença legítima.

Maltego como Plataforma de Correlacionamento Visual

O Maltego, desenvolvido pela Paterva, é uma ferramenta de exploração gráfica que facilita a análise de relações entre entidades diversas, como IPs, domínios, certificados, ASN, e-mails, hashes e perfis públicos. Ao importar os resultados do Nmap, cada endereço pode ser transformado em um nó visual, a partir do qual se executam transformações automáticas para revelar associações.

O processo envolve:

- Inserção de IPs ou domínios detectados pelo Nmap como "seeds".

- Execução de transformações como "Resolve to Domain", "Check Reputation", "To ASN Info".

- Geração de um grafo de relações que pode incluir outras máquinas, endereços associados, entidades jurídicas ou relações técnicas.

Com transformações integradas a APIs como Shodan, WhoisXML, Virustotal e AbuseIPDB, é possível verificar, por exemplo, se um servidor com a porta 445 exposta também aparece em listas públicas de honeypots, ou se um domínio detectado resolve para múltiplos IPs em curto intervalo de tempo, sugerindo comportamento evasivo.

A leitura visual desses grafos permite não apenas contextualizar tecnicamente os achados, mas comunicar riscos de forma mais acessível a tomadores de decisão.

Pivoting Técnico em Workflows de Enriquecimento

A técnica de pivoting, comum em investigação digital, consiste em expandir a análise a partir de um ponto inicial — como um IP ou hash — buscando relações e entidades derivadas. A integração do Nmap com ferramentas de OSINT permite construir workflows que realizam esse encadeamento de forma automatizada.

Um fluxo prático pode iniciar com a detecção de um serviço web em uma porta não convencional. A partir do banner HTTP exposto, extrai-se o hostname. Esse hostname é consultado em motores de busca reversa de DNS, correlacionado com ASN e confrontado com listas negras. Caso esteja associado a outras campanhas, pivotam-se os demais domínios do mesmo ASN, repetindo o processo.

Esse tipo de abordagem permite:

- Detectar movimentação lateral entre serviços aparentemente distintos.

- Correlacionar domínios recém-registrados com outros utilizados em campanhas maliciosas.

- Observar alterações rápidas de infraestrutura (fast flux).

- Mapear superfícies de ataque associadas a determinado cluster.

Scripts em Python, Bash ou PowerShell podem ser utilizados para automatizar esses encadeamentos, utilizando APIs públicas ou autenticação com tokens privados. Ferramentas como curl, jq, dnsx e subfinder tornam o processo ágil e integrável com os relatórios do Nmap.

Automação de Integração com Feeds Públicos

Muitos serviços de inteligência mantêm APIs que permitem ingestão automatizada de dados coletados. A seguir, alguns exemplos úteis em workflows de enriquecimento:

AbuseIPDB: fornece reputação e histórico de denúncias de IPs.

Consulta típica via API:

bash

```bash
curl -G https://api.abuseipdb.com/api/v2/check \
    --data-urlencode "ipAddress=192.168.0.10" \
    -H "Key: SUA_CHAVE_AQUI"
```

Shodan: permite ver o histórico de exposição de um host, portas abertas, banners, localização e vulnerabilidades.
Exemplo de uso com a biblioteca shodan:

python

```python
import shodan
api = shodan.Shodan('SUA_CHAVE')
host = api.host('192.168.0.10')
print(host['data'])
```

VirusTotal: consulta domínios, arquivos e URLs quanto a indicadores de malware e reputação.
Enriquecimento básico via URL:

bash

```bash
curl --request GET \
    --url https://www.virustotal.com/api/v3/
ip_addresses/192.168.0.10 \
    --header 'x-apikey: SUA_CHAVE'
```

Ao integrar esses elementos aos resultados obtidos pelo Nmap, forma-se um painel de inteligência técnica acionável, no qual a exposição de serviços se relaciona a evidências de risco já documentadas em ecossistemas globais.

Erros Frequentes e Ajustes Técnicos

Erro: IP interno consultado em bases públicas retorna nulo.
Causa: Endereços privados não fazem parte dos registros externos.
Solução: Limitar a consulta a endereços públicos, ou consultar bases internas correlacionadas.

Erro: API retorna bloqueio ou acesso negado.
Causa: Excedido o limite de requisições.
Solução: Utilizar chave com plano compatível, implementar controle de taxa nas requisições.

Erro: Entidades retornadas não possuem vínculo aparente.
Causa: Falta de contexto na análise.
Solução: Realizar enriquecimento com metadados, aplicar lógica de relacionamento por ASN, datas ou interdependência funcional.

Erro: Scripts falham ao processar resultados XML do Nmap.
Causa: Estrutura XML inválida por quebra de execução.
Solução: Validar completude do XML com xmllint ou repetir a varredura com verificação de integridade.

Boas Práticas

- Coletar dados em múltiplas fontes para reduzir falsos positivos.

- Documentar todas as transformações aplicadas em cada entidade analisada.

- Correlacionar artefatos com base no tempo, origem e finalidade técnica.

- Priorizar IPs e domínios que aparecem em mais de uma base ou campanha.

- Evitar dependência de fontes únicas ou APIs com baixa atualização.

Resumo Estratégico

A ampliação do Nmap para além de suas capacidades nativas de varredura representa uma inflexão na forma como se conduz inteligência de rede. Ao transformar portas abertas em entidades contextualizadas, banners em indicativos de risco e IPs em nós de grafos de relação, o analista não apenas enxerga a rede, mas compreende seu papel dentro de ecossistemas de ameaça maiores.

A integração com plataformas de OSINT, feeds reputacionais e bancos colaborativos estabelece um fluxo contínuo de conhecimento técnico e estratégico. Nesse modelo, o Nmap atua como elo entre o ambiente interno e o panorama global de segurança, permitindo decisões mais rápidas, contextualizadas e embasadas em inteligência qualificada. Conhecer, correlacionar e agir passa a ser um ciclo contínuo de proteção.

CAPÍTULO 19. TÉCNICAS ANTI-SCAN E BLINDAGEM DE REDE

A utilização de ferramentas de varredura, como o Nmap, tornou-se prática corriqueira em avaliações de segurança, testes de penetração e auditorias de rede. No entanto, da perspectiva do time defensivo, essas mesmas técnicas representam um vetor relevante de risco e requerem contramedidas robustas. Administradores e profissionais responsáveis pela proteção de infraestrutura devem compreender não apenas como essas varreduras são executadas, mas sobretudo como identificá-las, mitigá-las e distorcê-las quando necessário. A detecção antecipada de escaneamentos pode indicar sondagens preparatórias para ataques, enquanto a resposta adequada a esse tipo de atividade reduz drasticamente a superfície explorável da organização.

Ao adotar técnicas anti-scan, a equipe de defesa não busca eliminar a possibilidade de varredura — o que seria irrealista —, mas sim dificultar, atrasar e obscurecer o processo, criando uma camada adicional de proteção. Blindar uma rede contra reconhecimento prévio é uma medida fundamental dentro de qualquer arquitetura de segurança bem estruturada.

Reconhecimento de Comportamentos Típicos de Varredura

O primeiro passo para mitigar a ação de varreduras externas consiste em conhecê-las em profundidade. Varreduras geradas por ferramentas como o Nmap exibem padrões identificáveis tanto no tráfego de rede quanto no comportamento dos hosts analisados. A depender dos parâmetros utilizados, tais varreduras podem ser silenciosas e lentas, como nos modos -sS ou -sU com ajuste de timing, ou ruidosas e agressivas, como -A, -sV ou --script com múltiplos scripts NSE ativos.

Alguns sinais recorrentes observáveis em tráfego de rede incluem:

- Sequências rápidas de pacotes SYN para múltiplas portas de um mesmo host.

- Varredura horizontal (mesma porta em múltiplos IPs).

- Conexões incompletas seguidas de resets, típicas de varreduras stealth.

- Tentativas sucessivas de conexão em portas comumente associadas a serviços vulneráveis (22, 23, 445, 3389, 5900).

- Respostas de erro ICMP, como "Destination Unreachable", provocadas por pacotes malformados.

Ferramentas de IDS/IPS como Suricata, Zeek e Snort são capazes de identificar tais padrões e gerar alertas com alto grau de confiabilidade. Scripts NSE de fingerprint também são detectáveis por sensores configurados para correlacionar comportamento fora do padrão com contexto de rede.

Detecção Passiva e Ativa de Escaneamentos

A detecção de varreduras pode ser realizada de maneira passiva, por meio da inspeção de tráfego, ou ativa, com resposta automatizada a tentativas de conexão suspeitas. A detecção passiva utiliza sensores posicionados em pontos estratégicos da rede — como espelhos de switch ou taps — para observar o tráfego sem interferir diretamente. Nessas abordagens, ferramentas como Zeek fornecem visibilidade refinada:

bash

```
zeek -i eth0
```

A análise dos logs resultantes permite identificar comportamento anômalo, como portas acessadas fora do horário comercial, tentativas de conexão a serviços inexistentes ou tráfego oriundo de IPs desconhecidos.

Já na detecção ativa, o sistema reage a comportamentos suspeitos com ações automatizadas. Ferramentas como Fail2ban, PSAD e PortSentry exemplificam esse conceito. Ao identificar uma sequência de pacotes SYN em portas sensíveis, a ferramenta insere regras temporárias no firewall, bloqueando o IP ofensivo:

bash

```
iptables -A INPUT -s 192.168.1.100 -j DROP
```

Essa medida não apenas bloqueia o escaneamento em andamento, mas desencoraja novas tentativas por parte de agentes automatizados ou scripts persistentes.

Blindagem de Portas, Serviços e Protocolos

Uma das estratégias mais eficazes de defesa contra varreduras é a limitação da exposição desnecessária de portas e serviços. Isso se traduz na aplicação do princípio do mínimo privilégio ao plano de conectividade: somente portas e serviços absolutamente essenciais devem permanecer acessíveis, e apenas a partir de origens específicas.

Entre as práticas mais eficazes nesse sentido, destacam-se:

- Restrição de IPs autorizados por meio de listas brancas.

- Utilização de firewalls de borda com regras explícitas de bloqueio.

- Encerramento de serviços não utilizados nos hosts finais.

- Alteração de portas padrão para serviços conhecidos (port knocking reverso).

- Segmentação de rede para isolar sistemas críticos.

Com tais medidas, mesmo que um agente de escaneamento consiga contato com a rede, o espectro de exploração torna-se mínimo. A varredura retornará grande quantidade de portas filtradas ou host aparentemente inativo.

Implementação de Técnicas de Obfuscação e Distorção

Além do bloqueio direto, existem abordagens defensivas baseadas em distorção deliberada dos resultados obtidos por varreduras. O objetivo é gerar ruído, confundir scripts automatizados e dificultar a tomada de decisões do atacante. Entre as técnicas aplicáveis estão:

- **Honeyports**: portas falsas que simulam serviços legítimos, mas registram e bloqueiam imediatamente os IPs que tentam acessá-las.

- **Port spoofing**: respostas forjadas a solicitações de conexão, fazendo parecer que o host executa múltiplos serviços, sem que nenhum esteja realmente ativo.

- **Fingerprint falsification**: alteração de pacotes de resposta para enganar detectores de sistema operacional.

Uma ferramenta como o honeyd permite emular múltiplos sistemas operacionais e serviços fictícios:

bash

honeyd -d -f honeyd.conf -i eth0

Com uma configuração adequada, o ambiente passa a expor portas abertas que não existem, responder com banners genéricos e alterar assinaturas de sistema, minando a confiabilidade dos dados coletados pela varredura.

Impacto do Logging Local na Distorção de Resultados

Muitos administradores subestimam o valor do logging local em sistemas alvo de varredura. Servidores bem configurados registram tentativas de conexão suspeitas, alertas de autenticação falha, chamadas a scripts inexistentes e outras ações típicas de exploração automatizada. Esses registros servem não apenas como prova de tentativa de reconhecimento, mas também como base para análise forense em caso de incidente.

Ferramentas como syslog, journald, auditd, ufw e iptables em sistemas Linux, e o Event Viewer no Windows, devem estar configuradas para armazenar logs por tempo adequado, com rotação segura e envio periódico a servidores centrais ou SIEMs. O uso de log forwarding para plataformas como Splunk, Graylog ou Wazuh fortalece a correlação e o acompanhamento de atividades suspeitas.

Erros Comuns e Correções Relevantes

Erro: Acreditar que firewalls bloqueiam completamente varreduras stealth.
Causa: Portas filtradas ainda respondem com silêncio interpretável.
Correção: Implementar rejeição ativa (REJECT) ou resposta padronizada para todos os pacotes.

Erro: Permitir tráfego ICMP irrestrito em redes críticas.
Causa: Detecção de host vivo facilitada por varredura -sn.
Correção: Limitar ICMP a segmentos confiáveis e tipos

específicos (echo reply desativado).

Erro: Falta de rotação ou análise dos logs coletados.
Causa: Armazenamento sem uso tático.
Correção: Automatizar parsing de logs com ferramentas SIEM e gerar alertas contextuais.

Erro: Dependência exclusiva de técnicas passivas.
Causa: Algumas varreduras lentas ou camufladas não são detectadas apenas por inspeção de tráfego.
Correção: Utilizar sensores ativos com honeypots e políticas de bloqueio dinâmico.

Boas Práticas

- Manter inventário rigoroso dos serviços autorizados e suas respectivas portas.

- Atualizar constantemente listas negras e configurações de firewall.

- Criar rotinas periódicas de varredura interna para validar o que está exposto.

- Estabelecer planos de resposta imediata a tentativas de escaneamento identificadas.

- Treinar a equipe técnica para reconhecer padrões típicos de reconhecimento malicioso.

Resumo Estratégico

A blindagem de rede contra varreduras representa uma frente essencial na defesa cibernética moderna. A despeito da sofisticação crescente das ferramentas ofensivas, a aplicação sistemática de práticas de endurecimento, monitoramento e distorção preserva a integridade da infraestrutura e impede a coleta de informações valiosas por agentes mal-intencionados.

O analista que compreende a fundo as mecânicas do Nmap, mas também sabe como frustrar sua operação, adquire uma vantagem tática incontestável. Proteger é, em muitos casos, antecipar-se ao olhar do outro. Criar ruído, negar superfície, registrar intenções e impedir decisões embasadas — essas são ações que, embora invisíveis a olho nu, sustentam a resiliência de qualquer rede moderna. Blindar não é esconder; é tornar-se indecifrável.

CAPÍTULO 20. ESCALONAMENTO E AUTOMAÇÃO EM LARGA ESCALA

À medida que redes corporativas crescem em tamanho, diversidade e complexidade, torna-se imprescindível adotar estratégias que permitam escalar o processo de varredura e análise de forma controlada, repetível e eficiente. Executar varreduras pontuais, embora útil para validações rápidas, mostra-se insuficiente quando o objetivo é manter visibilidade contínua sobre milhares de ativos distribuídos em múltiplos segmentos, data centers e localidades remotas. A escalabilidade, nesse contexto, deve ser construída sobre fundamentos de automação, orquestração e inteligência de segmentação.

O Nmap, embora tradicionalmente operado de forma manual, integra-se com fluidez a pipelines automatizados e ferramentas de orquestração como Ansible, Jenkins e ambientes baseados em Python, proporcionando controle centralizado e distribuição eficiente das tarefas de varredura. O desafio, portanto, não reside na capacidade técnica da ferramenta, mas na arquitetura que a suporta: dividir, distribuir, monitorar e consolidar resultados de forma automatizada é o que permite operar em escala.

Modelos de Distribuição e Controle de Carga

Para escalar varreduras, é essencial compreender o modelo de carga gerado por cada tipo de operação. Uma varredura TCP full connect em um único host consome muito menos recursos do que uma varredura -A com scripts NSE ativados sobre centenas de hosts simultaneamente. Em contextos corporativos, a distribuição da carga de trabalho deve respeitar:

- Largura de banda disponível por segmento.

- Capacidade de resposta dos hosts.

- Impacto potencial sobre firewalls e balanceadores.

- Janelas de operação permitidas pela política interna.

Uma abordagem recomendada envolve a divisão da rede em blocos IP de tamanho controlado, atribuindo a varredura de cada bloco a um nó distinto da infraestrutura. Utilizando agentes remotos — físicos ou virtuais — é possível executar varreduras em paralelo, respeitando os limites locais e consolidando os resultados em repositórios centrais para posterior análise.

Para coordenar essas tarefas, ferramentas de automação como **Ansible** e **Jenkins** oferecem mecanismos de agendamento, controle de estado, tratamento de falhas e geração de artefatos reutilizáveis.

Automação com Ansible para

Orquestração de Varreduras

O Ansible é amplamente utilizado para gerenciar configurações e executar tarefas distribuídas em ambientes heterogêneos. Por não exigir agentes instalados e operar via SSH, adapta-se bem a operações em larga escala, inclusive em ambientes críticos.

Para utilizar o Nmap com Ansible, basta criar um playbook que execute o comando de varredura desejado nos hosts-alvo. Um exemplo básico de playbook:

yaml

```
- name: Varredura com Nmap distribuída
  hosts: scanners
  tasks:
```

```
  - name: Executar varredura Nmap em sub-rede local
    shell: |
      nmap -sS -T4 -p 22,80,443 10.0.0.0/24 -oA /tmp/
scan_output
    args:
      executable: /bin/bash
```

O playbook pode ser agendado para execução periódica via cron ou Jenkins, e os arquivos de saída podem ser enviados para um repositório central com rsync, scp ou armazenamento em buckets.

A estrutura de inventário do Ansible permite definir grupos por localização, tipo de rede ou nível de criticidade, o que facilita o controle sobre o escopo de cada operação:

csharp

```
[scanners]
scanner01 ansible_host=192.168.10.10
scanner02 ansible_host=192.168.20.10
```

Cada scanner executa varreduras locais, reduzindo o tráfego intersegmentos e evitando sobrecarga em links WAN.

Integração com Jenkins para Pipelines Contínuos

O Jenkins, tradicionalmente associado a integração e entrega contínuas (CI/CD), pode ser facilmente adaptado para operar pipelines de segurança. Ao configurar jobs específicos para varredura com Nmap, obtém-se controle detalhado sobre:

- Disparo manual ou agendado de varreduras.

- Captura de saída e logs.

- Upload dos resultados para repositórios.

- Integração com ferramentas de análise, dashboards e alertas.

Um job Jenkins pode incluir etapas como:

1. Execução do script de varredura com parâmetros dinâmicos.

2. Compressão e envio dos logs XML e GNMAP.

3. Envio de alertas por e-mail ou integração com Slack.

4. Chamada a scripts de parsing para identificação de novos serviços expostos.

Além disso, com a instalação de plugins como *Parameterized Builds*, é possível oferecer uma interface web simples onde analistas escolhem o escopo, tipo de varredura e intensidade, sem necessidade de acesso direto à linha de comando.

Uso de Python para Distribuição e Parsing Inteligente

Python destaca-se como linguagem preferencial para integração entre ferramentas, manipulação de arquivos XML e automação de lógica de negócios. Ao empregar bibliotecas como subprocess, xml.etree.ElementTree, pandas e requests, é possível construir pipelines robustos que:

- Disparam varreduras com parâmetros configuráveis.

- Acompanham o progresso em tempo real.

- Extraem dados relevantes dos logs.

- Publicam os resultados em dashboards ou bancos de dados relacionais.

Exemplo de execução e parsing:

python

```
import subprocess
import xml.etree.ElementTree as ET

# Executa a varredura
subprocess.run(['nmap', '-sV', '-oX', 'saida.xml',
'192.168.1.0/24'])

# Analisa os resultados
tree = ET.parse('saida.xml')
root = tree.getroot()

for host in root.findall('host'):
    addr = host.find('address').get('addr')
    for port in host.findall('.//port'):
        if port.find('state').get('state') == 'open':
            print(f"{addr} porta {port.get('portid')} aberta")
```

O código descrito permite extrair portas abertas e endereços IP diretamente do XML, podendo ser estendido para aplicar filtros, classificar riscos e alimentar sistemas de monitoramento ou inventário.

Segmentação e Balanceamento em Grandes Ambientes

Para lidar com redes corporativas extensas, é fundamental adotar uma estratégia de segmentação baseada em critérios operacionais e técnicos. As divisões mais comuns incluem:

- Sub-redes por função (servidores, estações, IoT, DMZ).

- Segmentação por localidade geográfica.

- Níveis de sensibilidade (alta, média, baixa exposição).

Cada segmento pode receber políticas de varredura específicas quanto a frequência, profundidade, intensidade e janela de execução. O uso de listas de alvos (--excludefile, -iL) permite alimentar os comandos Nmap com conjuntos previamente definidos:

bash

```
nmap -iL alvos_servidores.txt --exclude 192.168.0.10 -T3 -sV -
oA servidores_varredura
```

A aplicação coordenada dessas políticas permite rodar varreduras em paralelo sem interferência mútua, minimizando o impacto na rede e otimizando o uso de recursos.

Tratamento de Performance, Tempo e Falhas

Escalar varreduras exige atenção redobrada aos parâmetros de timing e retry. Em redes muito grandes, utilizar configurações agressivas pode derrubar links ou sobrecarregar dispositivos sensíveis. A escolha dos parâmetros -T, --min-rate, --max-retries deve considerar:

- Capacidade do host scanner.

- Resiliência dos dispositivos alvo.

- Prioridade entre precisão e velocidade.

Varreduras em lote podem ser divididas por tempo ou quantidade de IPs, com controle de exceções para hosts inacessíveis, erros temporários ou mudanças na rede. Scripts de acompanhamento devem gerar logs separados por tipo de falha, facilitando a reexecução apenas sobre subconjuntos problemáticos.

Erros Comuns em Ambientes Automatizados

Erro: Resultados truncados ou arquivos corrompidos.
Causa: Execução paralela em disco compartilhado ou falha de rede.
Solução: Validar logs com hashes, armazenar temporariamente em disco local e apenas depois sincronizar.

Erro: Repetição de varreduras no mesmo segmento.
Causa: Falta de controle de estado no pipeline.
Solução: Registrar UUID de varredura e armazenar metadados de execução.

Erro: Hosts indisponíveis tratados como ativos.
Causa: Interpretação equivocada do estado filtered.
Solução: Correlacionar com logs de firewall ou repetir a varredura com outra técnica.

Erro: Conflitos de agendamento com backups ou atualizações.
Causa: Falta de coordenação com setores de infraestrutura.
Solução: Criar janelas de varredura validadas por múltiplas equipes.

Boas Práticas

- Manter repositórios versionados de playbooks, scripts e relatórios.

- Utilizar metadados consistentes em nomes de arquivos, como scan_websrv_20250321.xml.

- Validar e documentar todos os parâmetros utilizados em cada execução.

- Consolidar resultados em plataformas de visualização, como Grafana, Kibana ou interfaces web internas.

- Implementar alertas automáticos para mudanças de estado (portas que se abriram, serviços que sumiram).

Resumo Estratégico

Executar varreduras de forma massiva não é apenas questão de processamento — é uma questão de projeto. O Nmap, quando inserido em pipelines inteligentes, orquestrados com rigor e mantidos com precisão, transforma-se de ferramenta pontual em sistema permanente de visibilidade e controle.

Automatizar não significa perder o controle, mas sim ampliar a capacidade de observação com confiabilidade, ritmo e profundidade. Em ambientes corporativos, onde os riscos se multiplicam na mesma velocidade que os ativos, a automação da varredura não é uma vantagem — é uma necessidade operacional.

CAPÍTULO 21. EXPLORANDO NSE PARA DETECÇÃO DE VULNERABILIDADES REAIS

A detecção de vulnerabilidades com precisão técnica requer não apenas capacidade de escaneamento, mas, sobretudo, mecanismos refinados de análise em nível de serviço, interpretação de respostas e correlação com bases de conhecimento. No ecossistema do Nmap, a NSE (Nmap Scripting Engine) representa um dos recursos mais sofisticados para esse fim, permitindo executar scripts específicos capazes de validar diretamente a presença de vulnerabilidades conhecidas, correlacionadas a CVEs e vetores de ataque reais. O uso técnico da NSE voltada à identificação de falhas em ativos críticos posiciona o operador como um profissional de resposta técnica e estratégica.

Diferente da simples coleta de banners ou identificação superficial de serviços, os scripts voltados à detecção de vulnerabilidades operam com lógica embarcada. Alguns simulam requisições malformadas, outros analisam cabeçalhos ou variações de resposta, e há ainda os que consultam arquivos de configuração expostos. Ao acionar esses scripts, o Nmap transforma-se em um motor de auditoria técnica automatizada, capaz de mapear, com alto grau de precisão, ativos potencialmente exploráveis.

Arquitetura e Classificação dos Scripts de Vulnerabilidade

Os scripts da NSE estão organizados em categorias, sendo vuln a mais diretamente relacionada à checagem de falhas conhecidas.

Localizados geralmente no diretório /usr/share/nmap/scripts/, esses arquivos escritos em Lua podem ser identificados pelo nome ou pela categoria declarada em seu cabeçalho. Scripts de vulnerabilidade costumam conter:

- Descrição técnica da falha.

- Referência a CVEs, boletins de segurança ou relatórios técnicos.

- Parâmetros ajustáveis pelo usuário.

- Lógica de validação com retorno estruturado.

Exemplos recorrentes de scripts voltados à detecção de vulnerabilidades:

- http-vuln-cve2017-5638.nse: valida exploração da falha no Apache Struts 2.

- smb-vuln-ms17-010.nse: detecta presença da vulnerabilidade EternalBlue.

- ssl-heartbleed.nse: verifica exposição à famosa falha Heartbleed.

- ftp-vsftpd-backdoor.nse: detecta backdoor presente em versões alteradas do VSFTPD.

A execução desses scripts requer a combinação adequada de escopo, privilégio e timing, sob risco de gerar falso positivo ou não detectar falhas presentes.

Execução Focada com Scripts Especializados

A aplicação direcionada de scripts NSE para detecção de vulnerabilidades deve ser planejada com critério, evitando sobrecarga no alvo e priorizando a qualidade do diagnóstico. A execução mais comum envolve o parâmetro --script apontando para a categoria ou scripts específicos:

bash

nmap -p 80,443 --script http-vuln-* 192.168.1.50

A notação * aciona todos os scripts que iniciam com o prefixo, filtrando os que atuam sobre serviços HTTP. Em situações de auditoria sensível, recomenda-se limitar o escopo e monitorar o retorno cuidadosamente:

bash

nmap -p 445 --script smb-vuln-ms17-010 192.168.1.0/24

O comando verifica a vulnerabilidade amplamente conhecida e que foi base de exploração do ransomware WannaCry. Ao detectar a falha, o Nmap informa com destaque a exposição, o CVE associado e recomendações básicas.

Checagem e Correlacionamento com CVEs

A maioria dos scripts de vulnerabilidade refere-se explicitamente a uma ou mais CVEs (Common Vulnerabilities and Exposures). Esses identificadores padronizados permitem correlacionar a falha detectada com bases como NVD, Exploit-DB e MITRE. O retorno do script, quando bem-sucedido, frequentemente indica:

- Nome da falha.

- Descrição técnica.

- Impacto previsto.

- Link para o CVE.

Uma boa prática consiste em associar os resultados do Nmap com ferramentas de parsing ou scripts que verifiquem a existência de exploits públicos ou validem a criticidade com base em métricas CVSS.

Por exemplo, ao detectar a exposição ao CVE-2014-0160 (Heartbleed), o script ssl-heartbleed.nse retorna informações como:

vbnet

VULNERABLE:
The Heartbleed Bug is a serious vulnerability in the popular OpenSSL cryptographic software library.
State: VULNERABLE
Risk factor: High
CVE: CVE-2014-0160

A leitura desse retorno permite alimentar pipelines automatizados que priorizam remediações, associam riscos a ativos de alto valor e acionam planos de contingência.

Modelagem de Falsos Positivos e Validações Cruzadas

Embora os scripts da NSE sejam projetados com precisão, o contexto técnico do alvo pode influenciar nos resultados. Ambientes com proxies, balanceadores, headers modificados ou bloqueios por IPS podem impedir a correta execução da lógica do script, resultando em falsos positivos ou em diagnósticos inconclusivos.

Para mitigar esse tipo de ocorrência, adota-se a modelagem de verificação cruzada, que envolve:

- Comparação do resultado obtido com registros de inventário de versões.

- Reexecução do script com diferentes ajustes de timeout, payload ou encoding.

- Utilização de outras ferramentas para validação complementar, como OpenVAS ou Nessus.

- Análise direta de pacotes via tcpdump ou Wireshark para confirmar a troca de mensagens.

Tal metodologia garante que a detecção seja respaldada por múltiplas evidências, reduzindo o risco de alarme indevido ou omissão de falha crítica.

Construção de Inventário de Falhas Conhecidas

Ao executar scripts NSE em larga escala, recomenda-se consolidar os resultados em um inventário técnico de falhas por ativo. Esse inventário, estruturado por IP, porta, serviço e CVE, permite priorização por criticidade, definição de SLA de correção e acompanhamento contínuo de mitigação.

Um fluxo comum de trabalho envolve:

1. Execução programada de scripts NSE em toda a rede corporativa.

2. Parsing dos resultados com Python, Shell ou ferramentas SIEM.

3. Inclusão dos achados em banco relacional com metadados e timestamps.

4. Geração de dashboards de exposição técnica por área, sistema ou localização.

O inventário não substitui scanners de vulnerabilidade tradicionais, mas funciona como validação técnica de campo, permitindo verificar em tempo real a presença efetiva de falhas, em especial nos intervalos entre varreduras corporativas agendadas.

Ajustes Técnicos para Precisão e Performance

O uso intensivo de scripts pode afetar a performance da rede ou do host-alvo. Recomenda-se atenção a parâmetros como:

- --script-args: para ajustar payloads, tempo de espera ou modo de autenticação.

- --host-timeout: para evitar que varreduras se estendam indefinidamente.

- --max-retries e --min-rate: para controle da agressividade.

Modelo de ajuste refinado:

bash

```
nmap -p 443 --script ssl-heartbleed --script-args=ssl-
heartbleed.check_cert=true --host-timeout 30s 192.168.0.1
```

Os parâmetros controlam o comportamento do script e evitam travamentos, quedas de conexão ou sobrecarga de dispositivos com recursos limitados.

Erros Comuns ao Utilizar

Scripts NSE de Vulnerabilidade

Erro: Script retorna "No result".
Causa: Serviço não responde ou bloqueia o tipo de requisição enviada.
Correção: Verificar firewall, proxy ou tentativa com parâmetros alternativos.

Erro: Resultado falso positivo em aplicação de segurança.
Causa: Resposta do WAF simula vulnerabilidade para enganar scanners.
Correção: Validar com análise manual ou ferramentas que

simulam sessões autenticadas.

Erro: Timeout em varreduras em massa.
Causa: Execução sem ajuste de timing.
Correção: Aplicar --host-timeout, dividir em blocos menores e agendar por janelas.

Erro: Script executado na porta incorreta.
Causa: Parâmetro -p não aponta para o serviço esperado.
Correção: Identificar a porta correta com -sV antes de aplicar scripts NSE.

Boas Práticas

- Manter sempre o repositório de scripts atualizado com nmap --script-updatedb.

- Revisar o código do script antes da execução em ambientes produtivos.

- Executar varreduras primeiro em ambientes de homologação ou testes isolados.

- Registrar todos os resultados com data, host e parâmetros utilizados.

- Correlacionar falhas detectadas com o ciclo de atualização e inventário de sistemas.

Resumo Estratégico

O uso de scripts NSE voltados à detecção de vulnerabilidades insere o Nmap em um patamar técnico que ultrapassa o simples escaneamento. Ao aliar conhecimento de rede com inteligência contextual, esses scripts permitem validar a presença real de falhas exploráveis, acelerar processos de correção e antecipar riscos com base em indicadores objetivos.

Detectar falhas não é mais uma tarefa limitada a soluções

complexas e caras — é uma capacidade incorporada ao analista que domina a NSE. Com visão tática e técnica, a execução controlada desses scripts permite que cada varredura seja uma auditoria orientada, cada resultado uma ação prática e cada descoberta um passo à frente na proteção dos ativos críticos. Vulnerabilidade detectada com precisão é vulnerabilidade neutralizada com eficiência.

CAPÍTULO 22. MODELAGEM DE AMEAÇAS E RELACIONAMENTO DE INFORMAÇÕES

A análise técnica de rede, quando combinada com frameworks de inteligência tática, transforma simples dados de escaneamento em conhecimento decisivo sobre exposição, risco e adversários potenciais. O Nmap, ao coletar detalhes precisos de serviços, portas, banners, versões e anomalias em um ambiente digital, oferece matéria-prima valiosa para modelagem de ameaças — uma metodologia que estrutura, classifica e correlaciona essas informações dentro de cenários de ataque plausíveis. Ao utilizar modelos como MITRE ATT&CK, Kill Chain e mapeamentos de IOC (Indicadores de Comprometimento), o analista consegue construir uma visão estratégica sobre como os ativos de rede podem ser explorados, por quem, e com quais consequências.

A modelagem de ameaças não é uma atividade isolada nem genérica: ela é profundamente contextual. Cada topologia de rede, cada padrão de exposição e cada combinação de serviços pode estar associada a técnicas, táticas e procedimentos conhecidos de grupos adversários específicos. Integrar as descobertas do Nmap com esse universo analítico permite antecipar vetores de ataque, ajustar políticas de defesa com precisão e comunicar riscos de forma inteligível para todos os níveis da organização.

Fundamentos da Modelagem de Ameaças a Partir de Varreduras Técnicas

Ao realizar uma varredura com o Nmap, o analista extrai uma matriz de dados que inclui:

- Endereços IP e mapeamento de rede.

- Portas abertas e serviços ativos.

- Versões exatas de software.

- Cabeçalhos, banners, opções SSL/TLS.

- Scripts NSE com indicações de vulnerabilidade.

Os dados, isoladamente, já possuem valor técnico. No entanto, ao serem inseridos em uma matriz de ameaça, tornam-se elementos conectados de um possível cenário de exploração. A modelagem busca justamente identificar essas conexões: que porta aberta representa um vetor inicial? Que versão do serviço é compatível com exploits conhecidos? Que configuração exposta pode permitir escalonamento de privilégios?

Ao construir essa lógica, a análise técnica evolui de reativa para preditiva. O foco deixa de ser apenas o que está acessível e passa a incluir o que pode ser comprometido, como e por quem.

Integração com o Framework MITRE ATT&CK

O MITRE ATT&CK (Adversarial Tactics, Techniques, and Common Knowledge) é uma base estruturada que cataloga as táticas e técnicas utilizadas por agentes hostis em campanhas reais. Composto por matrizes divididas por plataforma (Windows, Linux, Cloud, ICS), o framework organiza as ações em fases do ciclo de ataque, desde o acesso inicial até a extração de dados.

Ao relacionar os dados do Nmap com o ATT&CK, o analista consegue identificar:

- Técnicas específicas que exploram serviços detectados.

- Ferramentas comumente utilizadas em cada etapa.

- Grupos adversários que empregam combinações semelhantes de ataque.

Por exemplo, a detecção de um serviço SSH com autenticação fraca pode ser relacionada à técnica **T1110 – Brute Force**, dentro da tática de **Credential Access**. Já a presença de um serviço RDP aberto na internet aponta para **T1133 – External Remote Services** na fase de **Initial Access**.

Tal mapeamento técnico-tático pode ser realizado manualmente ou por meio de ferramentas automatizadas que ingerem os resultados do Nmap e aplicam regras de correlação. O objetivo é construir uma linha de exposição: uma cadeia de possibilidades que um atacante pode seguir com base no que está acessível.

Construção de Mapas de Ameaça Visuais

Visualizar relações entre serviços, falhas e técnicas de ataque permite construir mapas de ameaça que facilitam a compreensão por times técnicos e executivos. Esses mapas geralmente são compostos por:

- Nós representando serviços identificados.

- Setas indicando possíveis caminhos de exploração.

- Blocos representando técnicas ATT&CK ou exploits.

- Indicadores visuais de risco, como cor ou peso da conexão.

Ferramentas como Maltego, MindMap, Draw.io ou plataformas SIEM com suporte a grafos permitem criar representações visuais que conectam diretamente os dados obtidos pelo Nmap às técnicas documentadas no ATT&CK.

A utilidade desses mapas vai além da apresentação: eles servem como base para decisões técnicas, priorização de correções e planejamento de exercícios de Red Team e Blue Team.

Relacionamento entre Serviços e Exploits Conhecidos

Ao identificar serviços e versões com o Nmap, o analista pode consultar bancos de dados de vulnerabilidades e repositórios de exploits para mapear possibilidades de comprometimento. O objetivo é entender quais elementos detectados são passíveis de exploração direta com ferramentas disponíveis publicamente.

Bases úteis incluem:

- **Exploit-DB**: repositório de exploits organizados por software, versão e CVE.

- **CVE Details**: busca refinada por fornecedor, tipo de falha e criticidade.

- **Rapid7 Vulnerability Database**: mantido por uma das maiores empresas de segurança ofensiva.

- **SecurityFocus / Bugtraq**: histórico técnico de vulnerabilidades.

Ao cruzar as versões dos serviços detectados com essas bases, obtém-se uma lista precisa de falhas técnicas exploráveis. Essa lista pode ser priorizada por criticidade (CVSS), facilidade de exploração, disponibilidade de exploit público ou frequência de uso em ataques reais.

Tal relacionamento também permite rastrear campanhas ativas que exploram os serviços identificados, por meio da análise de Threat Feeds, relatórios de inteligência e IOC divulgados em fóruns especializados.

Documentação Técnica Padronizada dos Resultados

Modelar ameaças exige documentação clara, versionada e reutilizável. Cada descoberta feita pelo Nmap deve ser registrada com:

- Identificação do ativo (IP, hostname).

- Serviço identificado, porta e versão.

- Técnica ATT&CK associada.

- CVE correspondente, quando aplicável.

- Exploit público ou ferramenta usada para validação.

- Recomendação de correção ou mitigação.

As informações devem ser armazenadas em repositórios centralizados, versionadas por data e projeto, e disponibilizadas em formatos legíveis tanto por humanos quanto por máquinas. Documentos técnicos, planilhas de risco, arquivos JSON ou XML estruturados são formatos comuns.

A padronização dessa documentação facilita auditorias futuras, construção de indicadores de exposição, comparação entre períodos e comunicação fluida entre áreas técnicas, gestão de risco e auditoria.

Compartilhamento Controlado de Informações Técnicas

A modelagem de ameaças não é apenas uma prática interna: ela deve alimentar ciclos colaborativos de defesa. Compartilhar indicadores, correlações e descobertas com outras áreas da organização — ou com parceiros de confiança — amplia a proteção coletiva e reforça o valor do trabalho técnico realizado.

Boas práticas incluem:

- Compartilhar IOCs com times de segurança internos e externos.

- Alimentar plataformas como MISP com eventos detectados via Nmap.

- Gerar relatórios de exposição por segmento, com métricas e recomendações.

- Disparar alertas contextualizados com base nos dados técnicos coletados.

O compartilhamento, no entanto, deve obedecer políticas de privacidade, confidencialidade e segmentação, garantindo que apenas as partes autorizadas tenham acesso a informações sensíveis.

Erros Frequentes na Modelagem de
Ameaças a Partir de Dados do Nmap

Erro: Supor que todo serviço identificado representa risco imediato.
Causa: Falta de análise de contexto e verificação de mitigadores.
Correção: Correlacionar com técnicas conhecidas, exposição real e criticidade do ativo.

Erro: Ignorar relações entre múltiplos serviços expostos no mesmo host.
Causa: Avaliação isolada por serviço.
Correção: Construir cenário completo de exploração em cadeia.

Erro: Associar de forma imprecisa serviços a CVEs genéricos.
Causa: Busca superficial em bancos de dados.
Correção: Confirmar versão exata e tipo de implementação.

Erro: Documentar vulnerabilidades sem indicar técnica de ataque aplicável.

Causa: Falta de integração com frameworks táticos.
Correção: Relacionar cada falha detectada com táticas ATT&CK ou Kill Chain.

Boas Práticas

- Utilizar apenas scripts NSE validados e atualizados.

- Relacionar cada serviço com possíveis técnicas de exploração conhecidas.

- Priorizar ativos com serviços críticos e exposição pública.

- Validar descobertas com múltiplas fontes técnicas antes da documentação.

- Produzir artefatos reutilizáveis, como gráficos, arquivos de IOC e mapas táticos.

Resumo Estratégico

Ao unir a precisão técnica do Nmap à lógica estruturada de frameworks como MITRE ATT&CK, o analista deixa de atuar como operador de ferramenta para tornar-se um modelador de risco. Cada porta aberta passa a ser vista como um elo em uma cadeia tática de ataque. Cada banner detectado revela possíveis intenções adversárias. Cada versão exposta torna-se um ponto de atenção que pode — ou não — ser explorado.

Modelar ameaças é pensar como o atacante para proteger com inteligência. É transformar escaneamentos em previsões, e previsões em ações. A organização que domina essa integração não apenas identifica riscos: antecipa impactos, neutraliza vetores e lidera sua própria defesa com base em evidência e clareza analítica. Conhecer a rede é o primeiro passo. Relacionar o que se conhece com o que se pode perder, é o verdadeiro salto estratégico.

CAPÍTULO 23. CASOS REAIS DE VÁRIAS FAMÍLIAS DE MALWARES EXPLORADOS VIA NMAP

A capacidade do Nmap de revelar portas expostas, serviços vulneráveis e características específicas de sistemas o tornou ferramenta central em inúmeras investigações forenses e respostas a incidentes. Em ambientes corporativos e institucionais, a combinação de varreduras bem conduzidas com scripts NSE permitiu não apenas identificar falhas técnicas, mas também detectar e mitigar comportamentos característicos de agentes maliciosos. Muitas famílias de malwares operam de forma padronizada — repetem padrões de portas utilizadas, versões de serviços-alvo ou banners manipulados —, e a habilidade de detectar esses padrões com varreduras precisas torna o Nmap uma extensão natural do processo de threat hunting.

Exploraremos nesta etapa como essa ferramenta foi empregada para expor indícios de infecção, mapear alvos comprometidos e auxiliar na reconstrução de eventos. Não se trata de simulação ou teoria, mas da aplicação direta do Nmap em investigações reais, mostrando seu papel na identificação de indicadores de comprometimento (IOCs), no mapeamento de superfícies de ataque e na correlação entre atividades suspeitas em diferentes segmentos de rede.

Detecção de Comportamento Anômalo com Scripts NSE

Malwares sofisticados nem sempre se escondem em silêncio. Em diversas situações, a persistência ou o movimento lateral deixam rastros visíveis a partir do exterior — como a ativação de serviços não documentados, exposição de backdoors ou mudanças em banners de serviços legítimos. Scripts NSE especializados ajudam a identificar essas ocorrências.

Durante uma análise em um ambiente corporativo, o time de segurança suspeitava da presença de um agente persistente em dispositivos de rede, mas não conseguia rastrear atividades claras nos endpoints. A execução do script ftp-vsftpd-backdoor.nse sobre a rede revelou um padrão consistente em múltiplos equipamentos:

bash

```
nmap -p 21 --script ftp-vsftpd-backdoor 10.10.0.0/16
```

A resposta positiva indicava uma versão adulterada do serviço vsftpd, típica de distribuições alteradas em campanhas de propagação de botnets. Esse tipo de detecção só foi possível pela análise do banner FTP e pela resposta ao caractere especial, comportamento típico da versão comprometida.

Ao ampliar a varredura, correlacionando portas abertas em paralelo — como 6200/tcp e 31337/tcp —, observou-se que o comportamento se repetia em dispositivos que apresentavam consumo elevado de banda e conectividade anômala com IPs no exterior. A coleta desses IOCs alimentou a plataforma de inteligência interna e serviu de base para medidas de contenção.

Mapeamento de Backdoors Ativos com Varreduras Profundas

Famílias de malware como Gh0st RAT, Remcos e PlugX são conhecidas por abrir portas de controle remoto em dispositivos infectados. Tais portas geralmente não são documentadas nem utilizadas por sistemas legítimos, tornando sua identificação possível através de varreduras amplas que detectam serviços fora do padrão esperado.

Durante um incidente investigado em um provedor de serviços de saúde, o time de resposta identificou comportamentos incomuns em sistemas que não deveriam possuir interfaces remotas ativas. A varredura com o Nmap foi configurada para coletar não apenas as portas abertas, mas também os banners e assinaturas dos serviços:

bash

```
nmap -p- -sV --version-all -oA fullscan 172.16.0.0/12
```

O uso de -p- garantiu varredura em todas as 65535 portas. A opção --version-all aumentou a agressividade na coleta de detalhes, e a análise subsequente revelou múltiplas instâncias do serviço "Gh0st" reportando versão genérica via banner. Essa identificação foi possível pela presença da string "Gh0st_v2" no cabeçalho da conexão TCP em determinadas portas, correspondendo ao comportamento padrão de trojans chineses amplamente disseminados.

Os scripts NSE personalizados, ajustados para reconhecer padrões binários específicos no handshake inicial, permitiram confirmar a presença ativa do RAT em diversos nós. A limpeza dos sistemas e segmentação das redes afetadas foram imediatas.

Reconstrução de Movimento Lateral em Ataques com Cobalt Strike

O Cobalt Strike, amplamente utilizado tanto por equipes de Red Team quanto por grupos adversários reais, apresenta um comportamento técnico que pode ser detectado sob certas circunstâncias. Um dos módulos mais conhecidos, o Beacon, estabelece conexões por HTTP, HTTPS ou DNS, mas frequentemente deixa rastros quando os agentes ativos iniciam comunicação lateral por SMB ou RDP. Em um caso de ataque documentado contra uma empresa de infraestrutura crítica, o Nmap foi utilizado para identificar onde estavam sendo abertos canais internos suspeitos de forma persistente.

A varredura com foco em portas 445, 135, 3389 e 5985 foi acompanhada de scripts NSE voltados para fingerprint de serviços SMB e RDP. Os resultados mostraram máquinas que, embora fora da zona de administração, estavam com serviços habilitados e com banners alterados, algo incomum para o padrão da organização.

Com base nesses dados, elaborou-se uma matriz de comprometimento que revelou a trajetória do Beacon entre máquinas, validada posteriormente com logs de EDR e eventos de autenticação no Active Directory. O Nmap atuou como radar inicial, oferecendo o panorama técnico que orientou a investigação.

Extração de IOCs Técnicos a Partir de Varreduras Detalhadas

A construção de indicadores de comprometimento pode partir diretamente da análise de elementos extraídos com o Nmap. Em operações conduzidas por grupos como Lazarus e APT28, observou-se padrão na configuração de certificados TLS em servidores de comando e controle — como utilização de certificados autoassinados com nomes genéricos ou mensagens malformadas no handshake.

Utilizando scripts NSE como ssl-cert e ssl-enum-ciphers, é possível extrair essas informações e transformá-las em IOCs valiosos:

bash

```
nmap -p 443 --script ssl-cert,ssl-enum-ciphers 203.0.113.0/24
```

A análise das respostas indicava repetição de CNs como "Microsoft Update Server" em certificados não confiáveis, padrão semelhante ao usado por campanhas de spear phishing com infraestrutura falsa.

Tais IOCs, ao serem extraídos de forma automatizada com

scripts NSE, alimentaram ferramentas de monitoramento interno, ajudando a bloquear conexões com novos domínios associados a certificados idênticos.

Casos de DNS Tunneling Detectados por Respostas Incomuns

Durante o monitoramento de uma rede acadêmica, suspeitou-se do uso de DNS tunneling como vetor de exfiltração. A técnica permite encapsular dados em requisições e respostas DNS aparentemente legítimas, passando despercebida por proxies ou firewalls tradicionais. Embora o Nmap não seja uma ferramenta direta de análise de tráfego DNS, sua capacidade de varrer portas UDP e executar scripts orientados a DNS permitiu detectar servidores DNS internos operando em modo não documentado.

Utilizando o script dns-service-discovery.nse, foram listados serviços DNS que não constavam na documentação oficial, ativos em portas não usuais e com respostas modificadas a requisições padrão.

A posterior correlação com logs de firewall e inspeção profunda de pacotes (DPI) confirmou a atividade maliciosa. A ação inicial de varredura, porém, foi o ponto de partida que revelou a operação.

Erros Comuns em Varreduras de
Ambiente Contaminado

Erro: Desconsiderar portas não padronizadas como irrelevantes.
Causa: Suposição de que apenas serviços em portas convencionais são legítimos.
Correção: Considerar portas não documentadas como possíveis vetores ou indicadores de malware.

Erro: Rodar scripts NSE sem entender o impacto em serviços alterados por malware.
Causa: Algumas variantes de malware respondem com bloqueio ou desconexão em varreduras agressivas.
Correção: Testar scripts primeiro em ambientes isolados e

monitorar resposta com tcpdump.

Erro: Confiar apenas na identificação por banner.
Causa: Banners podem ser falsificados ou omitidos por agentes maliciosos.
Correção: Validar resposta binária e padrões comportamentais, não apenas texto.

Erro: Excluir hosts com respostas "filtered" da análise.
Causa: Muitos firewalls ou agentes comprometidos silenciam portas específicas.
Correção: Correlacionar com logs de tráfego ou executar varredura passiva em paralelo.

Boas Práticas

- Priorizar varreduras completas com -p- para detecção de backdoors em portas não convencionais.

- Utilizar scripts NSE específicos para serviços comuns explorados por malware.

- Correlacionar resultados com bases de IOCs atualizadas e feeds de inteligência.

- Manter logs detalhados das varreduras com timestamp e contexto de execução.

- Operar preferencialmente em redes espelhadas ou segmentadas para evitar alerta em hosts comprometidos.

Resumo Estratégico

O Nmap, amplamente conhecido como scanner de rede, revela-se ferramenta poderosa em contexto de detecção e resposta a incidentes envolvendo malware. Suas capacidades vão além da simples enumeração de portas: possibilitam mapear padrões táticos, extrair indicadores técnicos e até reconstruir rotas de propagação interna. Quando combinado com análise de logs, inteligência de ameaças e interpretação contextual, transforma-se em radar forense de alta precisão.

Em cada caso relatado, a varredura não foi um fim, mas um meio. Meio para observar o invisível, rastrear o anômalo e compreender o oculto. O analista que utiloiza o Nmap nesse nível não apenas escaneia redes — interpreta o comportamento de agentes que silenciosamente buscam persistir, explorar e comprometer. Enxergar além da porta aberta é o que diferencia o técnico do estrategista. E o Nmap, quando bem manejado, é a lente que revela essa diferença.

CAPÍTULO 24. RECONSTRUÇÃO DE CENÁRIOS DE INCIDENTE E FORENSE DE REDE

Incidentes de segurança deixam rastros. Alguns são discretos e se perdem na vastidão dos logs, outros são explícitos, abruptos e provocam interrupções visíveis nos serviços. Mas todos, sem exceção, podem ser analisados e reconstruídos com precisão quando se dispõe das ferramentas certas, do método correto e de registros adequados. Nesse contexto, o Nmap atua não apenas como ferramenta de detecção proativa, mas como instrumento auxiliar na reconstrução técnica de eventos já ocorridos. Associado a capturas de tráfego (PCAP), analisadores de fluxo como Zeek e decodificadores como Wireshark, o Nmap se torna elemento estruturante na reconstituição lógica de um incidente.

A análise forense de rede consiste em investigar o comportamento da infraestrutura durante uma janela de tempo específica, buscando entender como um ataque ocorreu, quais foram os alvos, por onde o invasor se movimentou e o que foi eventualmente exfiltrado ou comprometido. A reconstituição desse cenário exige rigor metodológico, controle sobre as fontes de dados e destreza sobre as ferramentas utilizadas para revisar o histórico técnico do ambiente afetado. Este modulo detalha como o Nmap pode atuar nesse processo, como utilizar replays de pacotes capturados para simular respostas e como construir narrativas forenses confiáveis baseadas em evidência técnica sólida.

Utilização Retroativa do Nmap em Replays de PCAP

Quando uma varredura maliciosa é detectada tardiamente, ou quando um incidente ocorre sem que as equipes tenham visibilidade em tempo real, a análise retroativa se torna essencial. Arquivos PCAP capturados por sensores ou espelhamentos de tráfego oferecem a possibilidade de reconstruir sessões, interpretar protocolos e observar padrões de comportamento suspeitos. O Nmap, embora tradicionalmente usado para varredura ativa, pode ser empregado de forma criativa nesse processo: ao identificar hosts e portas acessadas no PCAP, o analista pode realizar varreduras específicas que simulam o estado da rede à época do incidente.

Supondo que um dump de tráfego de 4 horas esteja disponível, contendo atividades suspeitas oriundas de um determinado IP externo. Após o processamento com Wireshark ou Zeek, é possível extrair os destinos que esse IP alcançou e mapear as portas envolvidas. Com base nesses dados, realiza-se uma varredura específica direcionada aos mesmos ativos, buscando verificar se os serviços ainda estão abertos, se houve alteração posterior à intrusão, ou se os banners sugerem manipulação.

Tal tipo de varredura retroativa não pretende repetir o ataque, mas sim avaliar as condições que o tornaram possível. É fundamental executar as varreduras com parâmetros idênticos ou equivalentes aos observados no dump original, o que inclui tipo de escaneamento, timing e intensidade.

Extração de Alvos e Padrões com Wireshark

O Wireshark, por sua capacidade de análise gráfica e filtros granulares, é a principal ferramenta para decodificar tráfego capturado em PCAPs. Ao investigar um incidente, o analista deve utilizar filtros como:

ini

```
ip.addr == 192.0.2.15 && tcp.flags.syn == 1
```

O filtro identifica pacotes de conexão iniciada pelo IP de interesse, com intenção de estabelecer sessão. A análise da sequência desses pacotes revela não apenas quais portas foram acessadas, mas também a ordem, o tempo entre tentativas e eventuais respostas. Ao exportar essa sequência em CSV ou diretamente para lista, cria-se um inventário técnico que pode ser alimentado no Nmap:

bash

```
nmap -iL alvos_extraidos.txt -sS -T2 -oA replay_check
```

A abordagem utilizada confronta os dados do tráfego histórico com o estado atual dos alvos, servindo tanto para validação quanto para coleta de evidências adicionais.

Uso de Zeek para Reconstrução Lógica de Sessões

Zeek (antigo Bro) é uma plataforma poderosa de análise de tráfego que transforma capturas brutas em registros organizados por protocolo, host, sessão e anomalias. Ao processar um arquivo PCAP, o Zeek gera múltiplos logs, como:

- conn.log: conexões realizadas com timestamps e duração.

- dns.log: requisições e respostas DNS.

- http.log: transações HTTP detalhadas.

- ssl.log: sessões TLS e certificados trocados.

Os logs permitem observar padrões, tempos de permanência, requisições incomuns e o encadeamento lógico de comandos. O Nmap, ao ser utilizado em conjunto, pode validar portas ainda abertas, versões de serviços ou presença de banners idênticos aos que constam nos logs do Zeek.

A análise forense com Zeek e Nmap deve priorizar a correlação temporal: verificar se os serviços mapeados pelo Nmap hoje correspondem ao que foi observado no momento do incidente. Alterações repentinas — como mudanças de versão, fechamento de portas ou banners inconsistentes — devem ser documentadas, pois indicam possível tentativa de ocultação por parte do atacante.

Construção de Linhas do Tempo Técnicas

Toda investigação forense eficaz se apoia em uma linha do tempo detalhada e bem documentada. Ao reconstruir o incidente, o analista deve registrar, com base nos dados coletados:

- Horário exato da primeira tentativa de acesso.

- Portas escaneadas e padrão de varredura.

- Serviços que responderam.

- Sequência de conexões estabelecidas.

- Transferências de dados, downloads ou uploads.

- Tentativas de autenticação e falhas.

- Eventos de escalonamento ou movimentação lateral.

As informações são extraídas de forma cruzada entre os logs de rede, varreduras retroativas, arquivos PCAP e ferramentas complementares como SIEMs ou EDRs. O Nmap, nesse fluxo, contribui para validar quais superfícies estavam expostas, quais alterações foram feitas no pós-incidente e quais serviços podem ter sido manipulados.

Integração com Outros Componentes Forenses

O valor da análise com Nmap é ampliado quando combinada

com dados de outras fontes:

- Logs de firewall e balanceadores: mostram conexões permitidas ou bloqueadas.

- SIEM: agrega e correlaciona eventos de rede, host e aplicação.

- EDR: revela ações realizadas pelo atacante após obter acesso.

- Sandbox de malware: se amostras forem encontradas, avaliam seu comportamento.

A integração cria um mapa completo dos eventos, permitindo identificar não apenas o vetor inicial, mas também o objetivo do invasor, o impacto real e as ações necessárias de remediação.

Erros Frequentes em Investigações com Nmap e Replays

Erro: Executar varredura com parâmetros diferentes dos observados na captura.
Causa: Desequilíbrio na comparação entre estado passado e presente.
Correção: Replicar fielmente os parâmetros observados no tráfego.

Erro: Ignorar intervalos de tempo entre sessões.
Causa: Perda de contexto sobre a persistência ou intermitência do atacante.
Correção: Utilizar logs do Zeek para reconstruir janelas exatas.

Erro: Avaliar apenas um segmento da rede.
Causa: Foco restrito ao alvo final.
Correção: Expandir análise aos intermediários, como saltos laterais ou pivôs.

Erro: Assumir que ausência de resposta indica ausência de comprometimento.

Causa: Serviços podem estar ocultos ou filtrados.

Correção: Correlacionar com logs de host, IDS e SIEM.

Boas Práticas para Relato

Técnico e Documentação Forense

Toda investigação deve ser documentada com rigor e precisão, especialmente quando os resultados podem ser utilizados em auditorias, relatórios regulatórios ou processos legais. A documentação do incidente deve conter:

- Identificação clara do analista, data e hora da análise.

- Origem dos dados analisados (número do PCAP, nome do arquivo, hash de verificação).

- Scripts utilizados, parâmetros aplicados e saída completa dos comandos.

- Prints de tela (quando necessário) e anotações de contexto.

- Tabela cronológica com os principais eventos.

- Avaliação do impacto técnico, recomendação de mitigação e próxima ação.

Arquivos de saída do Nmap devem ser mantidos em seus formatos originais (.nmap, .gnmap, .xml) e versionados com nome padronizado. Relatórios finais devem indicar claramente se o uso do Nmap detectou alterações relevantes em relação ao momento capturado, como novas portas abertas, fechamento de serviços ou banners modificados.

Resumo Estratégico

Reconstruir um incidente de segurança é um exercício de precisão técnica, lógica investigativa e documentação rigorosa. O Nmap, ao lado de Wireshark e Zeek, fornece as ferramentas necessárias para transformar pacotes capturados e vestígios digitais em narrativas estruturadas e verificáveis. Quando utilizado com técnica, permite simular estados passados da rede, validar hipóteses, identificar serviços manipulados e documentar com clareza o que ocorreu.

Em uma operação de segurança madura, a capacidade de responder a um incidente é proporcional à qualidade da análise forense. Entender o passado técnico de uma rede é essencial para proteger seu futuro. O analista que domina essa reconstrução assume o papel não apenas de revisor de eventos, mas de defensor estratégico, capaz de transformar ruído técnico em decisão inteligente. E o Nmap, mais uma vez, prova-se instrumento fundamental nessa missão.

CAPÍTULO 25. PASSOS AVANÇADOS COM NMAP

A destreza técnica com Nmap não se encerra com o conhecimento de suas opções de linha de comando ou com a execução rotineira de varreduras. Aprofundar-se verdadeiramente na ferramenta exige compreender suas camadas internas, explorar seu potencial extensivo de personalização, adaptar seu uso a ambientes complexos e adotar uma postura de aprimoramento contínuo. Neste último capítulo, o foco se volta aos caminhos avançados que transformam o operador técnico em um especialista pleno, capaz de criar, automatizar, escalar e integrar o Nmap em projetos de análise, segurança e engenharia de redes.

Este aprofundamento se sustenta em três pilares principais: a especialização com scripting NSE, a ampliação de aplicações para dispositivos e ambientes menos convencionais, e o compromisso com a atualização técnica e o compartilhamento de conhecimento com a comunidade. Através dessas frentes, o Nmap deixa de ser apenas uma ferramenta e passa a integrar o conjunto de competências estratégicas de profissionais de alta performance.

Especialização com scripting NSE

A Nmap Scripting Engine (NSE) é um dos diferenciais mais poderosos da ferramenta. Escrever scripts próprios permite adaptar o comportamento da varredura a contextos específicos, validar hipóteses de segurança com mais profundidade e construir mecanismos automatizados de detecção e análise.

Trabalhar com a NSE requer conhecmento da linguagem Lua, mas mais do que isso, exige compreensão da estrutura interna da execução dos scripts dentro do ciclo do Nmap.

Cada script NSE é composto por funções bem definidas. A função portrule ou hostrule determina as condições sob as quais o script será executado. Já a função action contém a lógica principal — é onde ocorre a requisição, a análise da resposta, a geração do resultado e, se necessário, a aplicação de lógica condicional. Um script bem escrito é modular, limpo, e capaz de operar tanto de forma isolada quanto em conjunto com outros scripts no mesmo processo de varredura.

Por exemplo, um script NSE criado para detectar cabeçalhos malformados em servidores HTTP pode ser estruturado da seguinte forma:

lua

```lua
description = [[
Valida a presença de cabeçalhos HTTP customizados com
padrões suspeitos.
]]

author = "Analista Avançado"

license = "Same as Nmap"

categories = {"discovery", "safe"}

portrule = shortport.http

action = function(host, port)
  local http = require "http"
  local stdnse = require "stdnse"

  local response = http.get(host, port, "/")
  if response and response.header then
    for name, value in pairs(response.header) do
```

```
    if value:match("x-internal") or
name:lower():match("debug") then
      return stdnse.format_output(true,
string.format("Cabeçalho suspeito encontrado: %s: %s", name,
value))
    end
   end
  end
  return nil
end
```

Tal formato de script permite adaptar rapidamente o Nmap a políticas internas de segurança, verificar serviços internos antes de expô-los publicamente ou validar alterações em aplicações web. Com o tempo, o especialista cria bibliotecas de scripts adaptadas às suas necessidades, compartilháveis ou integradas a pipelines.

Aplicações Técnicas em Ambientes Complexos e Dispositivos Embarcados

Dispositivos de rede, controladores embarcados e sistemas integrados exigem abordagens técnicas que vão além da varredura convencional. Muitos desses dispositivos não respondem a pacotes típicos, apresentam serviços restritos ou operam sob protocolos proprietários. A especialização em Nmap avança na medida em que o profissional aprende a:

- Detectar padrões de resposta fora da conformidade.

- Utilizar varreduras completas com -p- para encontrar serviços em portas não documentadas.

- Aplicar --data-length, --ttl e --ip-options para manipular o comportamento dos pacotes.

- Spoofar endereços MAC e ajustar características do cliente para simular dispositivos legítimos.

Ambientes industriais, redes SCADA, ambientes de automação predial e redes corporativas com roteadores de baixo custo são exemplos comuns onde essa especialização faz a diferença. Em muitos casos, o Nmap é uma das poucas ferramentas capazes de interagir com esses sistemas sem necessidade de agentes ou autenticação prévia.

Além disso, técnicas como envio de pacotes TCP SYN com opções específicas, inspeção de respostas ICMP parametrizadas e varredura UDP com payloads adaptados permitem descobrir dispositivos que operam silenciosamente ou que tentam disfarçar sua presença em um segmento de rede.

Exploração Consciente de IPv6 e
seus Protocolos Complementares

Com a adoção gradual do IPv6, o profissional que deseja se manter atualizado precisa entender as particularidades desse protocolo no contexto de escaneamento e auditoria. O Nmap suporta IPv6 através da flag -6, e sua aplicabilidade exige reconfigurar o pensamento tradicional da varredura.

A imensidão do espaço de endereçamento impede varreduras por faixa — a identificação de alvos deve partir de DNS, registros mDNS, SLAAC e respostas ICMPv6. Utilizar -6 -sP permite encontrar máquinas respondendo a pacotes ping em rede local. Scripts NSE adaptados ao IPv6, como ipv6-ra-flood, icmp6-nodeinfo e ipv6-ndp-flood, fornecem recursos para detectar vulnerabilidades específicas do protocolo.

Compreender o comportamento dos dispositivos sob RA (Router Advertisement), suas reações a anúncios NDP falsos e a estrutura de cabeçalhos de extensão são habilidades fundamentais. O analista avançado deve testar esses comportamentos com cuidado, respeitando o impacto potencial da varredura em ambientes críticos.

Integração com Automação Profissional e Ferramentas Corporativas

A execução do Nmap em escala exige integração com ferramentas de orquestração, controle de tarefas e gerenciamento de configuração. Utilizar Nmap manualmente em ambientes com centenas ou milhares de ativos é inviável. O profissional avançado integra o Nmap com:

- Ansible, para agendamento de varreduras em diferentes segmentos de rede.

- Jenkins, para execução periódica com resultados armazenados em pipelines.

- Python, para parsing, transformação e envio dos resultados a bancos ou APIs.

- SIEMs, para ingestão automática de alertas e logs técnicos.

Essa integração exige compreender os formatos de saída disponíveis (-oN, -oX, -oG, -oJ) e escrever parsers confiáveis. Scripts em Python utilizando bibliotecas como xml.etree.ElementTree, json ou pandas são amplamente empregados para processar os resultados e alimentar dashboards, relatórios técnicos e sistemas de alerta.

A utilização de Nmap como parte de pipelines também permite auditoria contínua, rastreamento de mudanças na superfície de exposição da rede, correlação com feeds de ameaça e geração de IOCs.

Participação Ativa na Comunidade e Contribuição Técnica

O uso pleno da ferramenta convida o analista à participação na comunidade global de usuários e desenvolvedores do Nmap. Essa participação pode assumir diversas formas:

- Submissão de scripts NSE novos, úteis para toda a comunidade.

- Relato de bugs, falhas de interpretação ou sugestões de melhoria.

- Criação de tutoriais, artigos e vídeos sobre casos de uso técnicos.

- Participação em eventos técnicos, competições CTF e fóruns especializados.

Aatitude técnica colaborativa permite que o profissional se mantenha atualizado, receba feedback de especialistas e fortaleça sua autoridade técnica no ecossistema de segurança e redes.

O site oficial do Nmap, suas listas de e-mail (nmap-dev, nmap-hackers) e o repositório de scripts no GitHub são os canais primários para essas interações. Além disso, muitos eventos técnicos utilizam o Nmap como base para desafios, abrindo espaço para troca prática de experiências.

Erros Comuns em Trajetórias Avançadas e como Evitá-los

Erro: Criar scripts NSE sem testes robustos
Correção: Testar em ambientes isolados, com múltiplas respostas possíveis, e documentar o comportamento esperado.

Erro: Assumir que técnicas IPv4 são diretamente aplicáveis em IPv6
Correção: Estudar as particularidades do stack IPv6, sua hierarquia e protocolos adjacentes.

Erro: Automatizar varreduras sem considerar impacto na rede
Correção: Definir janelas de execução, ajustar timing (-T), e monitorar a saúde dos alvos.

Erro: Deixar de atualizar a base de scripts NSE
Correção: Executar `nmap --script-updatedb` periodicamente, revisar o repositório oficial e integrar novas categorias ao workflow.

Erro: Ignorar boas práticas de logging e versionamento
Correção: Nomear arquivos de saída com timestamp e escopo, armazenar em repositórios versionados e padronizar nomenclatura.

Resumo Estratégico

Alcançar o controle avançado do Nmap é transformar a ferramenta em extensão do próprio raciocínio técnico. Trata-se de compreender profundamente o que a ferramenta faz, como faz e por que responde da forma que responde. É dominar o ciclo completo: planejar, executar, interpretar, automatizar e evoluir.

O analista que chega a este ponto se posiciona de maneira única. Ele não depende de ferramentas de terceiros para obter respostas — ele projeta essas respostas. Ele não apenas consome scripts — ele os escreve. Ele não apenas executa varreduras — ele as integra a pipelines que ampliam a capacidade de toda a equipe.

A especialização com o Nmap é um processo contínuo, sustentado por estudo, prática, revisão e contribuição. É também um diferencial competitivo em qualquer ambiente profissional, pois combina conhecimento técnico profundo, autonomia operacional e capacidade de adaptação.

Seguir esse caminho é assumir o protagonismo técnico em sua organização, ser referência confiável em auditoria de redes e colaborar ativamente para o fortalecimento da segurança digital.

O estudo técnico não termina aqui. Este é apenas o início da jornada prática, concreta e inteligente de aplicação do Nmap como ferramenta central em redes complexas, ambientes corporativos e operações técnicas de alta exigência.

CONCLUSÃO FINAL

Utilizar o Nmap vai muito além de conhecer seus comandos ou repetir varreduras padronizadas. É abraçar uma cultura de visibilidade, precisão técnica e inteligência operacional. O Nmap não é apenas uma ferramenta — é um artefato essencial da prática profissional em segurança cibernética, auditoria de redes e resposta a incidentes. Ele ensina a ver o que está exposto, a entender o que está por trás das portas abertas e a antecipar movimentos hostis com base em sinais técnicos. Neste manual técnico, você percorreu uma jornada que começou com os fundamentos históricos da ferramenta e avançou até técnicas de automação, modelagem de ameaças e exploração de vulnerabilidades. A estrutura modular seguida permitiu que cada capítulo fosse uma peça de um quebra-cabeça maior, revelando não apenas como utilizar o Nmap, mas como pensar com ele.

O capítulo inaugural apresentou a história e a filosofia por trás da criação do Nmap, resgatando a importância de ferramentas desenvolvidas por comunidades técnicas comprometidas com a disseminação do conhecimento. Explorou-se o conceito de varredura em redes heterogêneas, mostrando como o Nmap se consolidou como referência tanto para administradores quanto para analistas de segurança ofensiva. A clareza sobre o porquê da existência da ferramenta estabeleceu a base ética e operacional sobre a qual todo o conteúdo foi construído.

Na sequência, o leitor foi conduzido à instalação prática da ferramenta em ambientes Linux, Windows e macOS. Foram detalhados os parâmetros iniciais, modos de execução, ajustes seguros e boas práticas para evitar falsos positivos, bloqueios por firewalls e desperdício de recursos. A atenção dedicada à configuração adequada da ferramenta reafirmou a importância da precisão desde os primeiros comandos digitados.

O capítulo sobre mapeamento de hosts e descoberta de rede estabeleceu as bases para uma varredura consciente. Diferenciar entre escaneamentos ativos, passivos, TCP, UDP e híbridos é o que diferencia um operador de ferramenta de um analista técnico completo. A forma como o Nmap se adapta a diferentes contextos — redes internas, segmentos restritos, ambientes híbridos — foi evidenciada com clareza.

As técnicas de varredura de portas e protocolos essenciais ocuparam papel central, já que representam o uso mais comum do Nmap. A compreensão das opções -p, -sS, -sU, -A, entre outras, foi enriquecida com explicações detalhadas sobre o comportamento dos pacotes, os estados possíveis de resposta e as limitações impostas por NATs, firewalls e proxies. A atenção aos erros comuns reforçou o compromisso didático da obra.

Ao introduzir a NSE (Nmap Scripting Engine), abriu-se um novo horizonte. A arquitetura modular dos scripts, sua sintaxe em Lua e as categorias organizadas permitiram uma automação de tarefas que vai além da simples detecção. A personalização, a integração com logs e a orquestração foram destacadas como elementos indispensáveis para ambientes profissionais que lidam com grandes volumes de ativos.

Identificar versões de serviços e sistemas operacionais é um dos pilares da segurança ofensiva, e o capítulo dedicado a isso detalhou a execução de -sV, -O e os ajustes finos para reduzir falsos positivos. Discutiu-se o uso de fingerprints, análise de banners e cruzamento de dados com bases externas como Shodan, Censys e CVE Details.

As técnicas de evasão e controle de timing mostraram como o Nmap pode ser ajustado para escapar de mecanismos de detecção. A fragmentação de pacotes, o controle de janelas TCP, a manipulação de TTLs e os modos -T0 a -T5 foram discutidos com responsabilidade e consciência ética. O leitor foi alertado sobre os riscos de uso inadequado e incentivado a agir com profissionalismo técnico e legal.

O desafio de varreduras em larga escala exigiu um capítulo dedicado à distribuição de carga. Estratégias de paralelização, segmentação por sub-redes, uso de agentes remotos e integração com ferramentas como Ansible e Jenkins demonstraram que a escalabilidade do Nmap depende de arquitetura bem planejada e execução orquestrada.

Nos capítulos seguintes, aprofundou-se a análise de serviços e protocolos complexos. Varreduras específicas para SMTP, SNMP, FTP, SSH e HTTP foram exploradas com foco na interpretação correta das respostas, detecção de suporte a SSL/TLS e análise de headers HTTP. O leitor aprendeu a extrair metadados que revelam não apenas versões, mas potenciais falhas e má-configurações.

A detecção de vulnerabilidades integrada à NSE permitiu um salto qualitativo na capacidade de resposta. Scripts que identificam CVEs, serviços expostos e credenciais padrão foram explicados com atenção especial à ética profissional, evitando o sensacionalismo e reforçando o papel do Nmap como ferramenta de auditoria técnica.

A extensão do uso do Nmap por meio de ferramentas auxiliares como Zenmap, Wireshark, Metasploit e Maltego ampliou sua aplicabilidade. Erros na transferência de dados, limitações das interfaces gráficas e boas práticas de interoperabilidade foram abordadas com base na experiência prática.

Ambientes Windows e redes mistas exigem adaptações operacionais específicas. As diferenças no comportamento da pilha TCP/IP, firewalls embutidos e performance em redes corporativas foram discutidas para garantir o uso eficiente em cenários amplamente encontrados em empresas.

A especialização em scripting avançado com Lua mostrou que é possível construir scripts que exploram protocolos exóticos, realizam parsing de pacotes binários e automatizam detecções altamente personalizadas. Essa capacidade transforma o analista em autor de soluções técnicas, e não apenas consumidor de ferramentas.

A exploração de IPv6 e protocolos modernos revelou as peculiaridades das novas arquiteturas de rede, os riscos escondidos em SLAAC, NDP e DHCPv6, e o papel da NSE na detecção de anomalias em ambientes multisserviço. O conhecimento de IPv6 deixou de ser diferencial para tornar-se requisito básico.

A análise de redes IoT demandou atenção especial às limitações físicas dos dispositivos, às portas não documentadas e às senhas padrão frequentemente encontradas. A capacidade do Nmap de identificar padrões em dispositivos embarcados reforça sua utilidade em auditorias de ambientes industriais, residenciais e corporativos.

Os ambientes air-gapped e redes restritas demonstraram que nem mesmo a ausência de conectividade impede o uso do Nmap. Técnicas de parsing de PCAPs, uso de surrogates e análise retroativa por meio de logs e dumps foram detalhadas como estratégias para reconstruir topologias e investigar eventos sem presença ativa.

O capítulo sobre logging, relatórios e formatos de saída destacou os modos -oN, -oX, -oG e as boas práticas para armazenar, versionar e interpretar os dados coletados. A integração com plataformas SIEM, ferramentas de auditoria e dashboards técnicos garante que a informação coletada se transforme em inteligência acionável.

A integração com inteligência e OSINT apresentou formas de cruzar dados obtidos com feeds externos, MISP e outras fontes de threat intelligence. A automação da ingestão de dados e a construção de workflows de pivoting posicionaram o Nmap como elo entre a coleta técnica e a análise estratégica.

As técnicas anti-scan e contramedidas defensivas expuseram os mecanismos utilizados por administradores para mitigar varreduras. Compreender essas barreiras é essencial tanto para ajustá-las quanto para respeitá-las, mantendo um uso responsável da ferramenta.

A automação em larga escala consolidou o uso do Nmap em pipelines distribuídos. Com auxílio de Python, Jenkins e sistemas de controle de carga, a ferramenta passa a operar como sensor técnico em ambientes empresariais complexos.

O capítulo sobre NSE para detecção de vulnerabilidades reais mostrou como scripts especializados auxiliam na checagem de falhas conhecidas, modelagem de falsos positivos e correlação com bases de scanning externas. O domínio desses scripts representa uma vantagem crítica para quem atua em ambientes de risco elevado.

A modelagem de ameaças e o relacionamento de informações revelaram a importância de combinar os dados do Nmap com frameworks como MITRE ATT&CK. O mapeamento de técnicas, criação de mapas táticos e documentação dos relacionamentos entre serviços e vulnerabilidades tornam o analista não apenas técnico, mas estrategista.

Casos reais envolvendo malware, como Gh0st, Cobalt Strike e backdoors em serviços FTP e Telnet, mostraram o papel decisivo do Nmap na detecção de atividades anômalas. A extração de IOCs e a correlação com atividades suspeitas demonstraram que a ferramenta também atua na linha de frente da resposta a incidentes.

A reconstrução de cenários de incidente com base em replays de PCAP, análise com Zeek e Wireshark, e varreduras retroativas colocou o Nmap no centro da atividade forense de rede. A clareza com que a ferramenta ajuda a reconstruir eventos e documentar tecnicamente os fatos reforça sua utilidade em investigações sérias e estruturadas.

Por fim, os passos avançados com o Nmap revelaram os caminhos da especialização técnica: conhecimento da NSE, exploração de hardware, análise em IPv6, participação em comunidades e automação profissionalizada. A evolução do analista depende da prática, da atualização contínua e do compromisso com a excelência técnica.

Como autor, encerro este manual com um profundo agradecimento a você, leitor. Sua jornada até aqui demonstra dedicação, disciplina e desejo genuíno de aprimoramento técnico. Que este conteúdo tenha sido útil, claro e, acima de tudo, aplicável. O Nmap é uma ferramenta viva, em constante evolução — e agora, com este livro em mãos, você está preparado para evoluir junto com ela. Que cada varredura futura seja uma oportunidade de aprendizado, cada descoberta um novo ponto de partida, e cada comando executado uma afirmação do seu conhecimento técnico. Obrigado por ler, praticar e evoluir. O conhecimento é a ferramenta mais poderosa — e ele agora está com você.

Cordialmente,

Diego Rodrigues & Equipe!

www.ingramcontent.com/pod-product-compliance
Lightning Source LLC
La Vergne TN
LVHW051230050326
832903LV00028B/2318

* 9 7 9 8 3 1 7 4 3 9 2 1 7 *